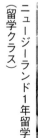

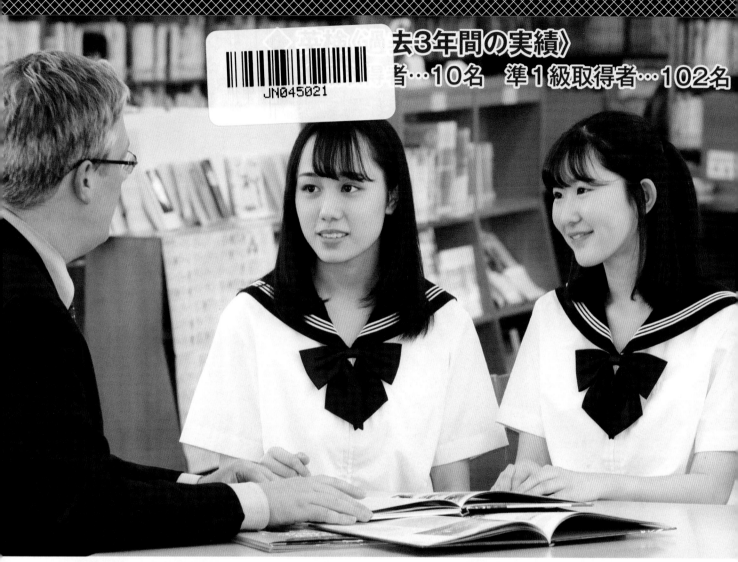

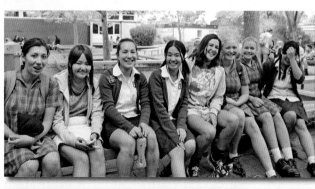

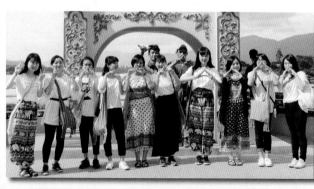

CONTENTS

Success 15 4

https://success.waseda-ac.net/

サクセス15
April 2023

Special School Selection

東京都　新宿区　共学校

東京都立戸山《とやま》高等学校

School data

所在地：東京都新宿区戸山3-19-1
アクセス：地下鉄副都心線「西早稲田駅」徒歩1分
生徒数：男子497名、女子459名
ＴＥＬ：03-3202-4301
ＵＲＬ：https://www.metro.ed.jp/toyama-h/

- ３学期制
- 週５日制（年20回の土曜授業あり）
- 月～金６時限、土４時限
- 50分授業
- １学年８クラス
- １クラス約40名

「0」を「1」にする経験を積み 人生の土台となる力を養う

東京都立戸山高等学校は、将来の可能性を広げるための知識を深め、社会で求められる力を育むための多彩な学びの場を用意しています。そうした環境のなか、生徒は「自主自立」をキーワードに学校生活を送っています。

髙野《たかの》 宏《ひろし》　校長先生

大学合格のためだけに勉強するのではない

東京都立戸山高等学校（以下、戸山）は、１８８８年に補充中学校として開校され、１３５年の歴史を積み重ねてきました。

その教育は、「幅広い教養を身に付け、リーダーとして国際社会に貢献できる人材を育成する」という目標に基づいた教養主義を土台とするものです。さらに、後述するスーパーサイエンスハイスクール（ＳＳＨ）としての取り組みやチーム・メディカル（ＴＭ）をはじめとした手厚い進路サポートが用意されており、様々な角度から生徒の力を伸ばします。

また、「自主自立」も戸山を表すキーワードの１つ。１人ひとりが自らを高めたいという思いのもと、主体的に学習、部活動、行事に臨んでいます。

髙野宏校長先生は「高校時代の勉強は、今後の人生の土台となる力を養うためにするものであり、大学に合格するためだけのものではないのです。多くの知識を蓄えることは、人生をより豊かなものにしてくれます。ですから、勉強すること、それ自体を『目的』と考えましょう。

スポーツ観戦をする際も、ルールを知っているのと知らないのとでは、知っている方が楽しいと思いませんか。そして観戦するだけではなく実際にプレーしてみると、また違ったおもしろさに出会えるはずです。未知のことに触れ数々のチャレンジをする、生徒にはそんな3年間を過ごしてほしいですね」と話されます。

生徒自身が考え 幅広く学ぶことを重視

教育目標にもあるように、「幅広い教養」を身につけることを重視する戸山。高3で進路に合わせて履修可能な選択科目を用意するものの、文理でクラスを分けることはしません。全員が古典、地理、日本史、世界史、公共、政治・経済、物理、化学、生物、地学のいずれもしっかりと学ぶ形です。

「まったくその分野に触れたことがない経験値『0』と、少しでも学んだ経験値『1』には、大きな差があると考えています。例えば調べものをする際、その分野に関する経験値が1でもあれば、どのように調べるべきか、きっとその糸口を自分の力で見つけ出すことができるでしょう。ですから幅広く学ぶことは、みなさんの将来の可能性を広げてくれることにつながるんです」と髙野校長先生。

各教科の授業は、1人ひとりが自分の頭で考え仲間と協働する形式が多くなっており、思考力、判断力、表現力を養うことが意識されています。また数学では2クラスを3つのグループに、英語では1クラスを2つのグループに分ける少人数授業も取り入れながら、丁寧な指導を実施しています。

「SS」と「知の探究」 多くの力を伸ばす探究活動

文部科学省よりスーパーサイエンスハイスクール（SSH）の指定を受けている戸山では、高1から高3まで、2クラスを上限にSSHクラスが設置されます。

SSHクラスも一般のクラスと

多彩な学び

少人数授業を取り入れたり、グループワークを行ったり、ICT機器を活用したりと、各教科でその場面に適した形で授業を展開しています。また、㊦フィールドワークを行う「地学城ヶ島巡検（高1）」なども魅力的な学びの1つです。

同様に幅広く学ぶことは変わりません。特徴は必修科目として「SSⅠ（高1）」「SSⅡ（高2）」が用意されていることです。

SSⅠ・SSⅡでは、数学・物理・化学・生物・地学・情報のうち、いずれかのコースに所属し、自らの研究を進めます。発表の機会は、校内、ほかの都立高校、全国のSSH指定校に向けてと、豊富にあります。そのため研究にかかわるスキルだけでなく、プレゼンテーション能力も確実に向上していきます。なお希望者は、高3の自由選択科目「SSⅢ」で研究を継続することも可能です。

ほかにも最先端の科学技術に触れるセミナーや講演会など、様々なプログラムが用意されています。

一方、一般のクラスもSSHクラスに負けない取り組みを行っています。それが「知の探究」です。これは自ら設定したテーマについて探究活動を行う、戸山独自の授業です。13のグループに分かれますが、あえてテーマが関連していない生徒を1つのグループに集めるといいます。異なるテーマの研究を知ることで刺激を受け、切磋琢磨してほしいという思いから、こうした形がとられています。

加えて、「リレー授業」も一般クラスならではのものです。リレー授業は、「宗教」や「絹」、「江戸東京野菜」など、ある1つのテーマについて、各教科で視点を変えながらアプローチします。1つの事柄を多角的にとらえる力が身につく授業といえるでしょう。

「SS、知の探究ともに、なにを研究するかは生徒自身が決めます。しかし、ただ興味のあることを調べればいいということではありません。同じテーマの既存の研究についてもデータを集め、まだ解明されていない課題を見つけることが大切だと伝えています。そしてその課題を追究するためには、どのような方法があるのかも生徒自身で考えていきます。そこでは教科の授業で習得した知識も大いに役立つでしょう。自らの持つ知識

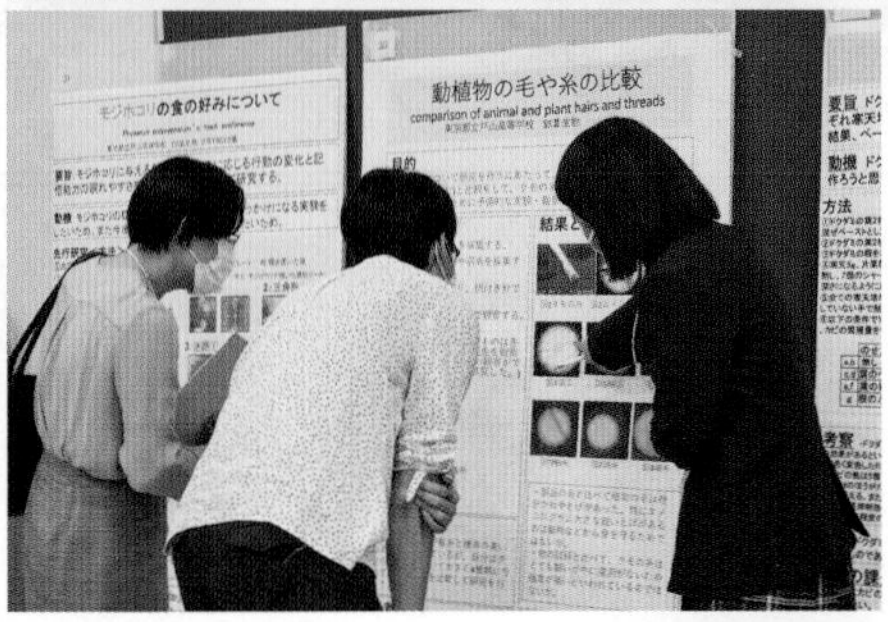

SSHクラス

ポスター発表をする生徒。来場者からのフィードバックを受け、よりよい研究にしていきます。

を組みあわせて課題の解決を図る、答えが1つではない問題の最適解を探る、そうした現代社会で求められている力を伸ばし、その実践的な練習をする機会が、本校にはあります。

発表の様子を見ていると、自分の研究成果をほかの人に伝えたいという生徒の熱い思いが感じられ、各々が意欲的に研究に取り組んでいることがわかります」（高野校長先生）

卒業生をロールモデルに 自らの道を見つける

各教科の授業や研究活動を通じて、多くの力を高めていく戸山生。同校には、そんな生徒の希望進路を実現するための支援体制が整っています。

模試の結果についての分析検討会や年間13回の進学対策会議によって生徒の学力を把握し、そのうえで放課後には、複数の生徒を対象にした講義形式のものから、個別指導まで、それぞれに対応した補講や講習が実施されます。長期休暇中にも高3を中心に数多くの講座が開かれており、夏期講習だけで100講座ほどあります。

また、進路指導においては卒業生の協力も大きいといいます。チューターを務める卒業生から日々の学習におけるアドバイスを受け、各界で活躍する卒業生からは、学生時代や仕事についての講演を聞きます。自分と同じ学校で高校生活を送った卒業生の姿は、身近なロールモデルであり、その体験談は生徒に響くといいます。

さらに、戸山独自の進路指導体制として、チーム・メディカル（TM）の存在があげられます。

医師をめざす生徒を対象としたもので、例年新入生から30人を募ります。3年間かけて医師になるための心がまえについて考えたり、病院を見学したり、医師となった卒業生の話を聞いたりします。こうした様々なプログラムを通じて、生徒は自分の適性をふまえて本当に医学部に進むべきかを改めて考え、その結果、よりいっそう将来

チーム・メディカル

医師の仕事に触れる体験講座や医師についての調査研究・発表など、多彩なプログラムを通じて、医学部進学へのモチベーションを高めます。

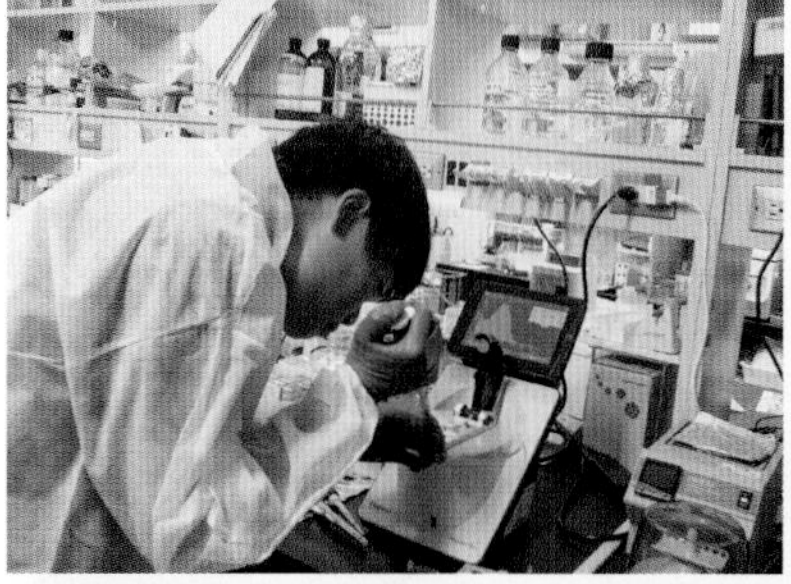

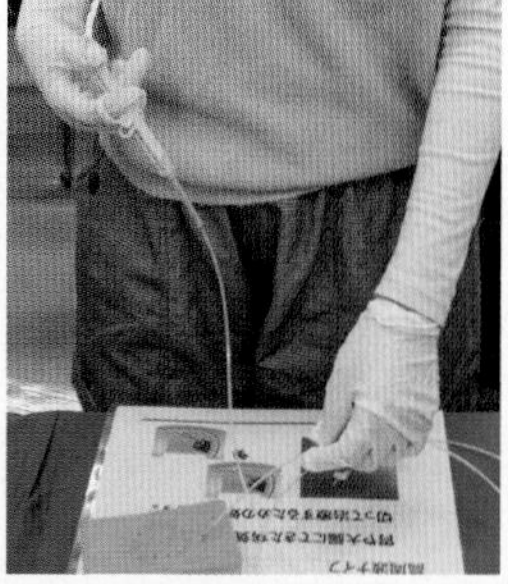

への志を強くしているのです。

一方で、医学部合格のための学力を養うことも欠かしません。医学部入試の最新情報を提供しつつ、模試の結果を分析し、弱点を把握・補強するとともに、面接や小論文指導も行います。

「チームとして、仲間とともに頑張れる環境が、個々のモチベーションを高めます。キャリア教育と学習指導を両輪として、今後も生徒の夢をかなえるためのサポートを続けます」（髙野校長先生）

「自主自立」の精神で 過ごす3年間の高校生活

ここまでお伝えしてきた通り、戸山は「教養主義」と「自主自立」をキーワードに充実した教育を実践しています。だからといって、生徒は勉強ばかりしているわけではありません。

部活動への加入率は、兼部をしている生徒も含めると100％を超え、多くが文武両道をめざし活動しています。

そして行事に取り組む際も「自主自立」の精神を忘れてはいません。コロナ禍で従来の行事が難しい場合でも、生徒はどのような形であれば実施できるかを検討し実現しています。

例えば運動会は、できるだけ接触の少ない種目に絞り、高3の保護者のみに公開、高1・高2の保護者にはライブ配信を行いました。戸山祭（文化祭）は、演劇や映画の演目をチケット制・座席指定にすることで、人数を制限するとともに、万一感染者が出た場合にも速やかに状況を把握、対応できるようにしたといいます。

「2022年度は運動会の予行演習の日に雨が降りました。その際、生徒の方から『雨が降ってきたので、このプログラムは省略します』

山岳部

部活動

19の文化部、18の運動部が用意されています。それぞれが好きなことに打ち込み、充実した高校生活を送っています。

剣道部

アメリカン・フットボール部

化学部

運動会

4色のチームに分かれて競う運動会。広々としたグラウンドで、応援合戦やリレーなどが行われます。

戸山祭(文化祭)

戸山祭(文化祭)は、例年9月に3日間実施されます。生徒が脚本・演出を手がける演劇や映画が上映されます。

と提案があり、臨機応変に対応しているのを感じました。また戸山祭は、保護者にのみ公開した形ですが、高1は展示、高2は演劇、高3は映画と、従来の形で企画できたのも生徒が頑張ったからこそだと思います」と髙野校長先生。

「未見の我」に出会ってほしい

戸山の生徒はなにごとも自分の頭で考え、主体性を持って臨む高校生活を送っています。だからこそ、3年間で自らの力を大いに伸ばし、それぞれが希望する道へと進んでいくのでしょう。

最後に髙野校長先生は「私の好きな言葉に『未見《みけん》の我《われ》』というものがあります。まだ出会ったことのない自分、試練を経て成長した新たな自分、という意味です。本校で『0』を『1』にする数々の経験を積み、ぜひ未見の我に出会ってください。

みなさんがこれからの人生を歩んでいくなかでは、様々な迷いが生じると思います。しかし、土台となる力があれば、安心して進んでいけるはずです。多くの知識を吸収しながら、部活動や行事にも積極的に取り組む高校時代を過ごしましょう。そして身につけた力をほかの人のために使うことができる人になってくれたら嬉しいですね。『自分を成長させたい』『自分の進むべき道を見つけたい』、そうした思いを持った方々を待っています」と話されました。

■ **2022年3月　大学合格実績抜粋**（ ）内は既卒

国公立大学		私立大学	
大学名	合格者数	大学名	合格者数
北海道大	10（3）	早稲田大	76（13）
東北大	9（1）	慶應義塾大	36（9）
筑波大	12（2）	上智大	23（2）
東京大	12（2）	東京理科大	83（22）
東京医科歯科大	5（2）	青山学院大	24（3）
東京学芸大	6（1）	中央大	44（15）
東京工業大	7（1）	法政大	51（14）
お茶の水女子大	3（0）	明治大	112（28）
一橋大	10（0）	立教大	34（9）
京都大	7（2）	学習院大	8（1）
大阪大	2（0）	国際基督教大	1（0）

写真提供：東京都立戸山高等学校　※写真は過年度のものを含みます。

多くの不思議がそこに！

地図を旅しよう

みなさんはどんなときに地図を使いますか。初めての場所を訪れるとき、また旅行で町歩きをするときでしょうか。ただ現在は、インターネットを通じて多くの情報を得られることから、「ここはどんなところだろう」「どこを散策しようか」と実際に地図を眺めて考えることはあまりないかもしれません。

そんなみなさんに「地図の楽しみ方」をご紹介します。地図研究家の今尾恵介さんと地図の旅に出発です！

出典：国土地理院ウェブサイト、気象庁ホームページ、総務省統計局ホームページ、一般財団法人日本地図センター「東京時層地図」。弊社にて加工

地図のいろは

実際に地図を楽しむ前に、そもそも地図とはどういうものなのかをおさらいしましょう。そして、地図を「楽しむ」とはいったいどんなことなのかをお伝えします。

地図とは、簡単にいうと一定の地域の状態を縮尺し、平面に描き出したものです。地図には、土地の高低や起伏、道路、各種の建造物などが表された「基本図」、利用目的に沿って各種の情報が掲載された「主題図」の2つがあります。

「基本図」には「2万5000分の1」をはじめとして様々な縮尺のものがあり、町並みまでわかるような狭い範囲を拡大しているものが「大縮尺」、日本地図のように広い範囲を俯瞰《ふかん》したものは「小縮尺」となります。さらに、「基本図」のなかでも、「1万分の1」「5万分の1」「2万5000分の1」は、一般的に「地形図」と呼ばれます。

「主題図」は一定のテーマに沿っ

一般財団法人
日本地図センター客員研究員
今尾《いまお》恵介《けいすけ》さん

中学生時代に地図に興味を持ち、多くの地図を「見て」「読んで」「楽しんで」いる地図研究家。地図にかかわる様々な本を出版している。今回の旅のガイド。

色々な地図

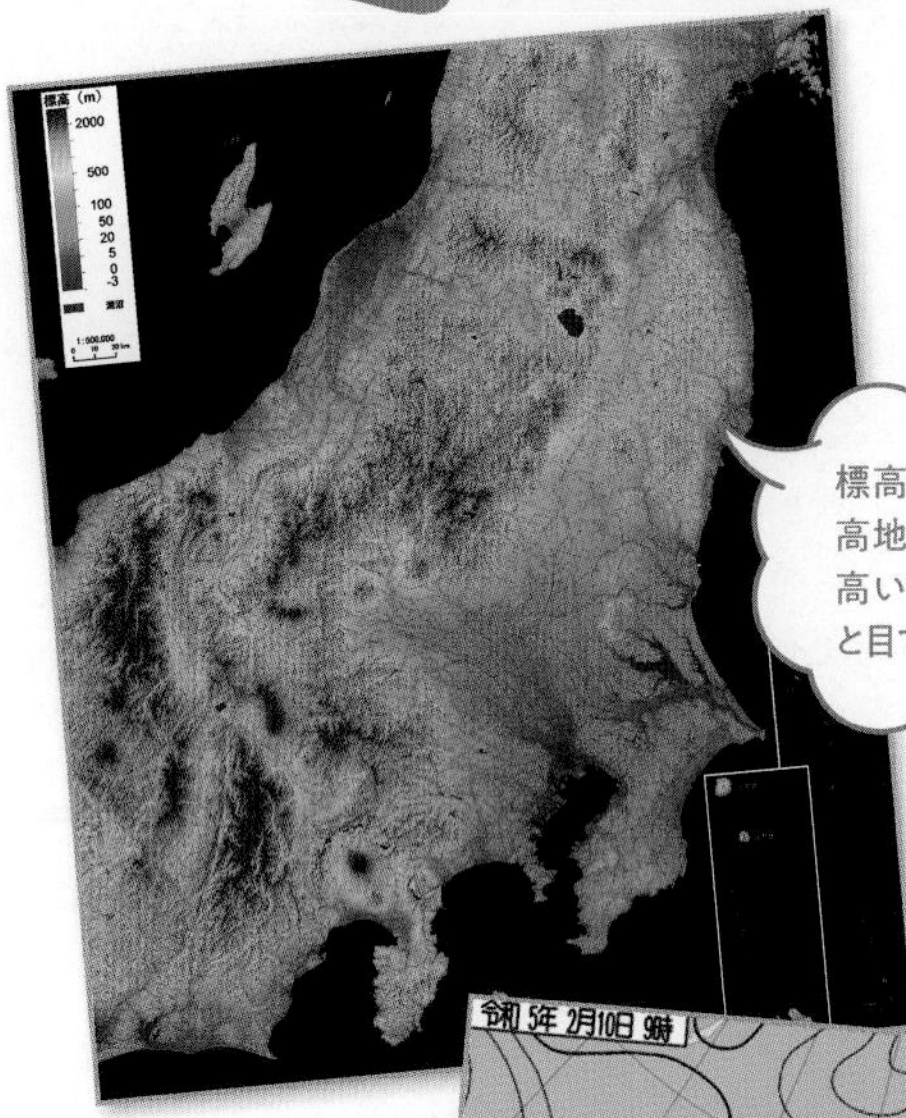

標高で色分けされた「標高地形図」。首都圏には高い山が少ないことがひと目でわかります

天気予報などで目にする「天気図」も地図の一種です。こちらは、都内に雪が降った2023年２月10日９時のものです

深さを表す等深線が描かれ、水深に応じて色を塗り分けた「湖沼図　段彩図」

「人口分布図」のように、統計情報を記した地図は「統計地図」と呼ばれます

て作られた地図のことをいいます。水深や水の透明度までを示す「沿岸海域地形図」、過去の溶岩流出などの地形特性も含め活動中の火山や将来活動が予想される火山を記載した「火山土地条件図」などがあります。

　このように色々な種類のものがある地図。多くのもとになっているのは、国土地理院の地図です。では国土地理院ではどのように地図を作っているのでしょうか。

　「2万5000分の1」の地形図を例に見てみると、測量用の航空機で空中写真を撮影、空中写真では確認しきれない箇所を現地で調査、建造物などを特別な装置で立体視しながら描く「図化」、地名や地図記号を表記する編集作業といった工程を経て完成させています。

　なお、地球は丸いことから、平面にすべての情報を正しく記すことは難しく、面積（正積図法）、角度（正角図法）、中心からの方位と距離（正距方位図法）など、いずれかの項目の正確さを優先して描かれます。

　どの図法を使用するかは、用途によって異なります。例えば、分布図であれば正積図法、海図には正角図法、航空図は正距方位図法がよく利用されます。

記号化されたなかに多くの物語がある

「地図にはじつにたくさんの情報が載っています。例えば『2万5000分の1』の地形図であれば、等高線が描かれ、田んぼや林、学校や役所などの地図記号が記され、道路や線路が走り、地名も記載されています。それらを1つひとつ端から端まで見ていく人はいないと思いますが、じっくり眺めていると、不思議なことや思いがけない発見があるはずです」と話す、一般財団法人日本地図センターの客員研究員であり、地図研究家として多くの地図に親しんできた今尾恵介さん。

　とはいえ、地図に載っている情報は記号化されたものばかり。そこから「どんなことを発見するの?」と思う方もいるでしょう。

　「記号化されたからといって、地図に載っている情報は無味乾燥なものではありません。想像力を働かせてみると、その奥に人々の暮らしや町の歴史など、多くの物語が詰まっています」と今尾さん。

　それらの物語に目を向けるのが、今回の地図を楽しむことの肝というわけです。

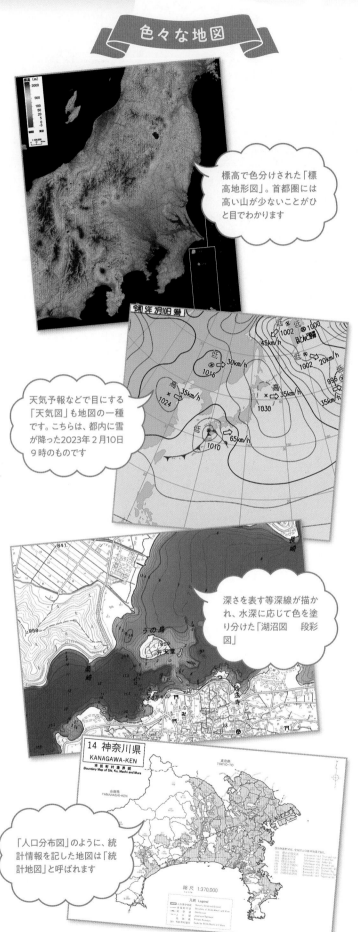

地図で遊んでみよう！

さっそく地図を眺めて、日本各地を冒険するツアーに出かけましょう。ちょっと変わったあんな場所や、地図に表れた不思議なものを調べてみると、その土地の意外な一面に出会えるかもしれません。

区画のきれいな村

秋田県男鹿半島から北東に位置する大潟村《おおがたむら》は、もともと八郎潟《はちろうがた》という日本第２位の大きな湖でした。食糧不足を解決するため、豊かで住みよい近代的な農村社会を作ることを目標に1957年に干拓工事が開始され、1977年に大潟村の大地が誕生します。地図上に表れた美しい直線に、区画整備に尽力した当時の人々の丁寧な仕事を見て取れます。

自治体としての承認は、工事に先行して1964年。なんと、わずか６世帯14人からのスタートでした。

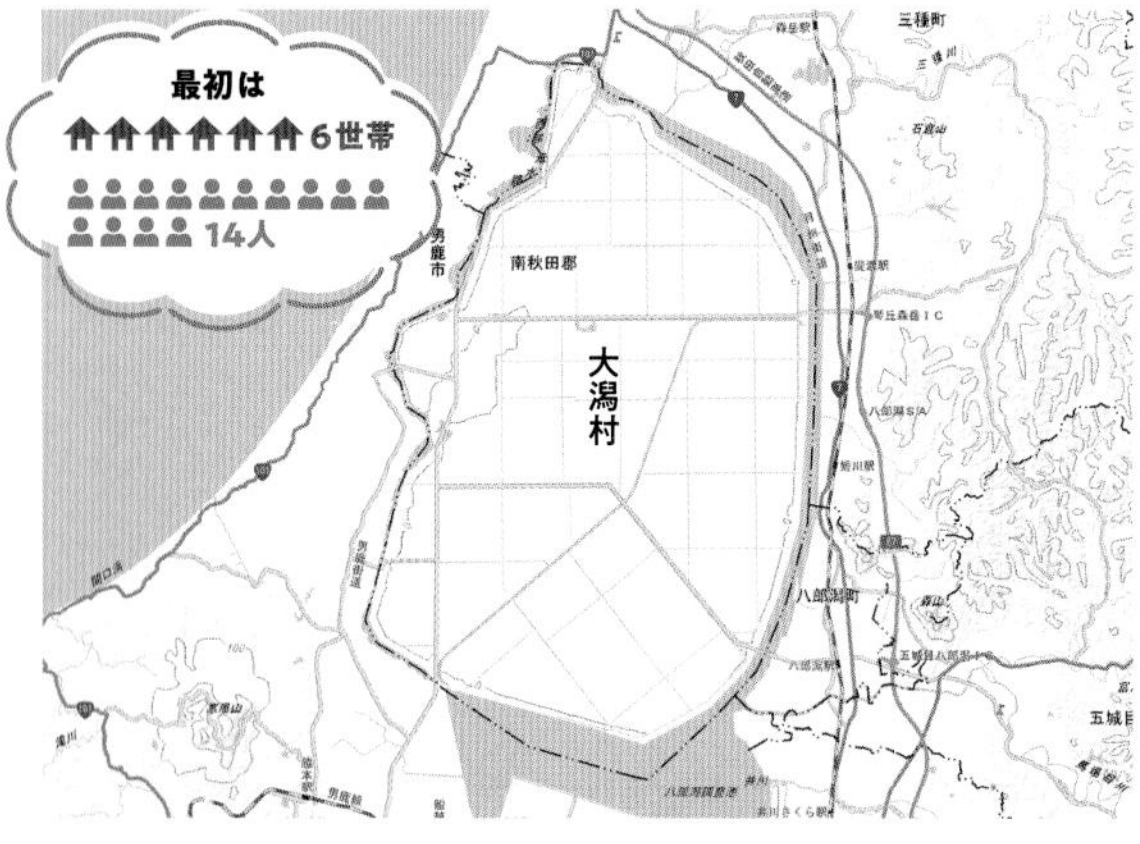

町なかのミステリーサークル

千葉県船橋市南部、西船橋駅近くの住宅地に、なにやらミステリーサークルのようなものを発見！　しかし、よく見るとなかに住宅や池があるようです。

じつは、ここは戦時中に使われていた海軍無線基地の跡地。当時は中央に高さ約200ｍの主塔と、周囲に高さ60ｍの副塔が立ち並び、遠い戦地にいる兵士への情報発信などが行われていました。1971年に解体が始まり、いまは団地と公園、学校などになっています。

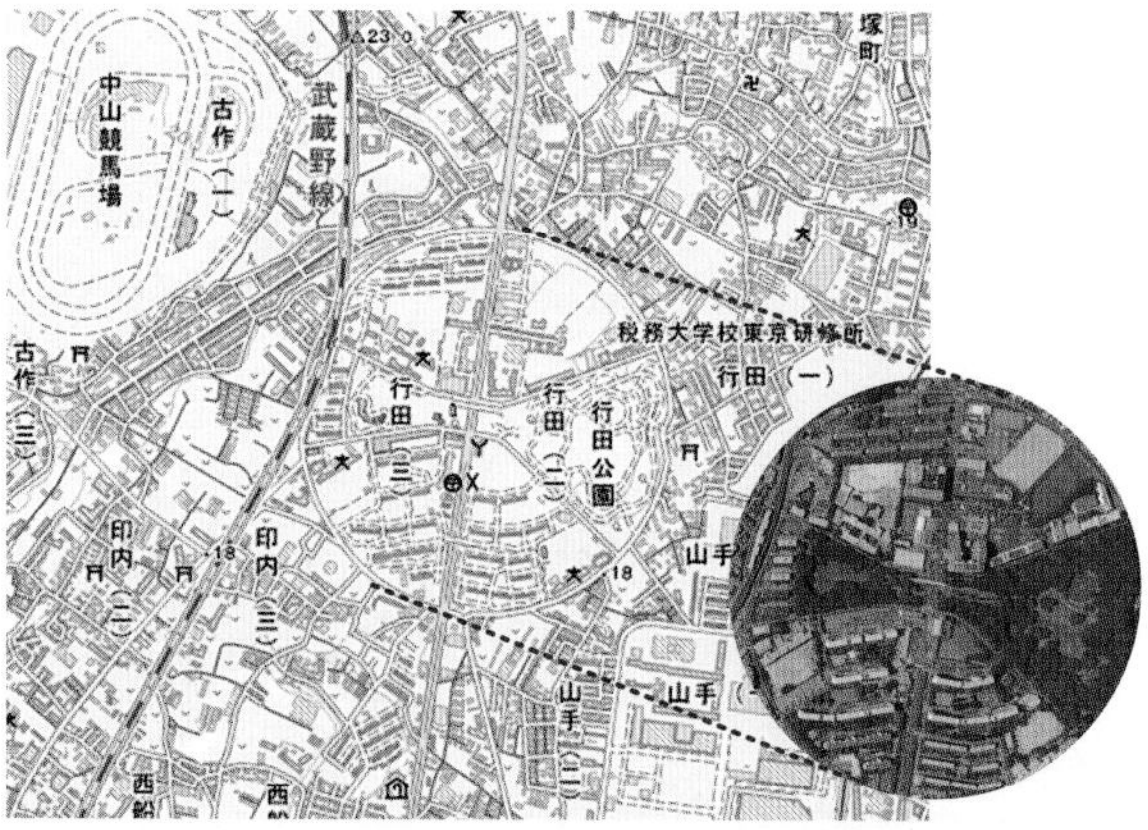

火山島の大きな足跡

東京から船で片道約６時間半。都心から約180㎞離れた海上にある三宅島は、火山活動によって噴き出した溶岩や砂が堆積してできた島です。

島をよく見てみると、中央の火口のちょうど南側に、２つの大きなくぼみがあるのが見えます。これは爆裂火口といい、マグマと地下水が接触して爆発を起こし、山の一部が吹き飛ばされてできたものです。現在、この爆裂火口のなかには、コイなどが生息する大路池《たいろいけ》や、島内唯一の高校、東京都立三宅高等学校などがあります。

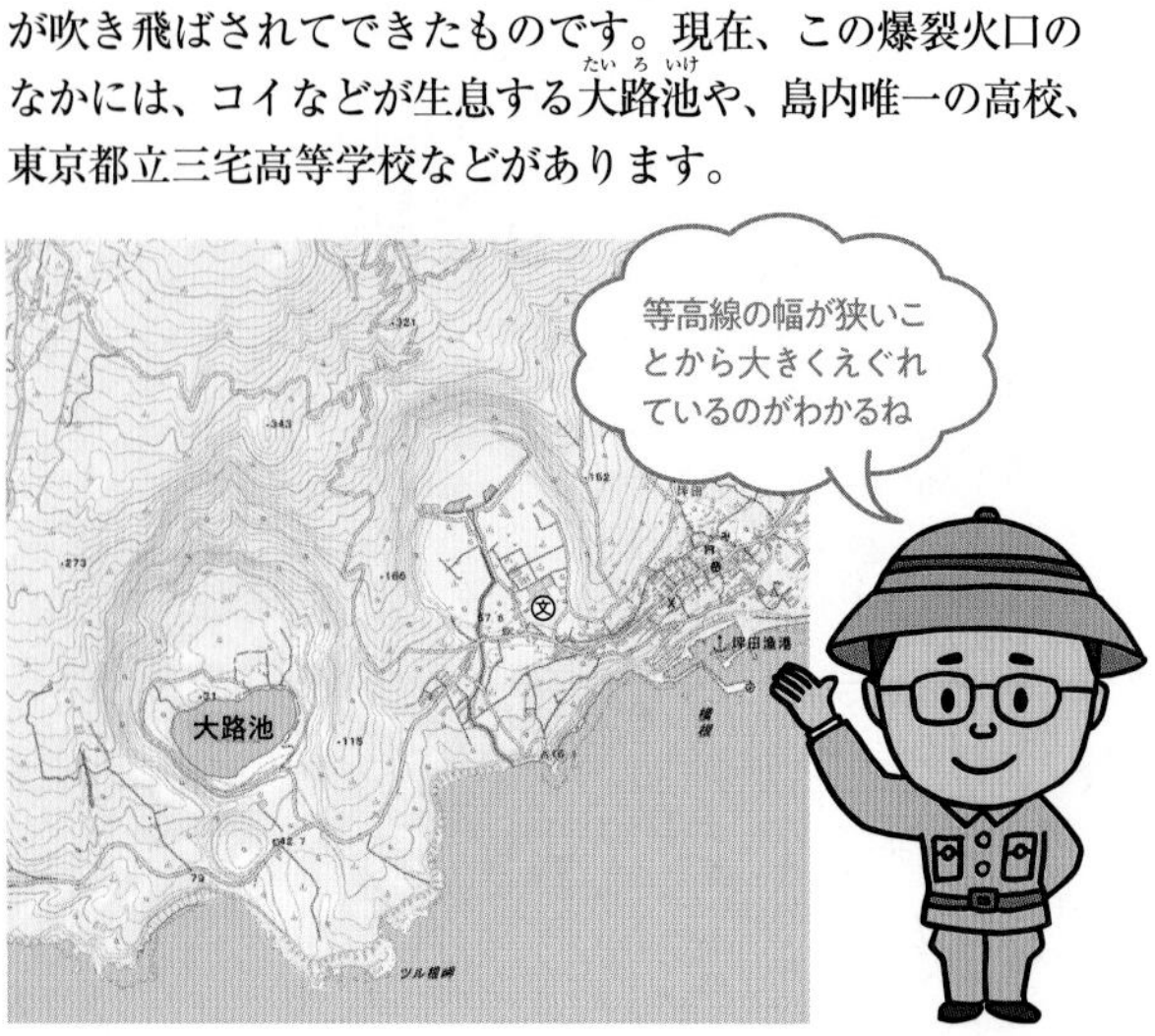

海に浮かぶ茶色の線？

海がきれいな観光地として有名な沖縄県石垣島。地図で見てみると、陸地を取り囲むように茶色い破線のような岩の記号が描かれています。

この茶色の線は、干潮時に水が引くと現れるサンゴ礁を記したものです。航空写真で同じ地点を確認すると、海のなかにエメラルドグリーンの地形が写っていることがよくわかります。水生生物の住処《すみか》でもあるサンゴ礁。地図をもとに、そこにどんな生きものがいるのか調べてみてもおもしろいかもしれません。

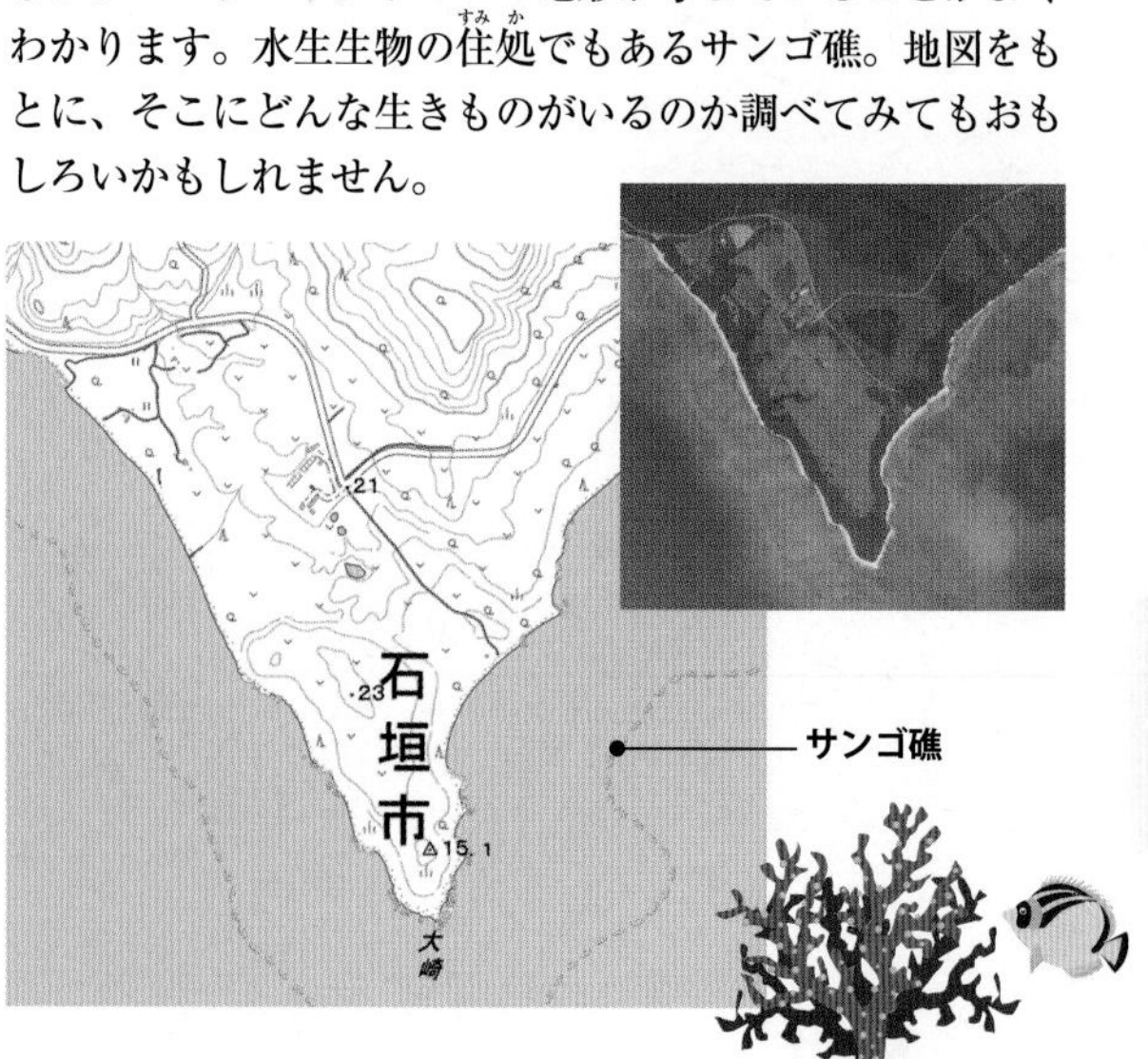

池のなかの小さな日本列島

池に浮かぶ小さな日本列島。兵庫県伊丹《いたみ》市の地図に目を凝らしていると、みなさんもきっと、その不思議な存在に気がつくはずです。

もちろんこれは、自然に土地が隆起して日本の形ができたのではなく、昆陽《こや》池を整備した際に伊丹市が計画して作ったものです。しかもこの日本列島、地上からは大きすぎてその形を見ることができません。

より縮尺の小さな地図㊦を確認してみましょう。昆陽池から東の方角に目を向けてみると、大阪国際空港があることがわかります。飛行機の窓から地上を見下ろしたときのことを想像してください。そこに親しみのある日本の形を発見できたら、胸がワクワクすると思いませんか？　つまりこの日本列島は、飛行機の乗客に向けて作られたもの。空からしか見ることができない、ちょっと特別な伊丹市のランドマークなのです。

福島県のへその緒

みなさんは、県と県の境を地図でじっくりと見たことがありますか？　丸で囲んだ地域は、山形県、新潟県、福島県の県境です。ここを拡大して、よく見てみると……？　福島県がへその緒のように、細く長く、飛び出しているのがわかります。

この県境は、３県にまたがる飯豊山《いいでさん》の尾根に沿って引かれています。へその緒にあたる部分は、飯豊山を祭る飯豊山神社への参道なのです。飯豊山は、地域の人々にとって大切な山で、古くから五穀豊穣を祈ったり、成人になるための儀式に使われたりしてきた歴史があります。

県境の一番狭い部分は、なんと幅約90㎝。横断歩道の白線の幅が45㎝なので、ちょうどその２本分ほどの幅しかないことになります。ここで腕を大きく広げれば、身体は福島県にありながら、片手は山形県に、もう片方の手は新潟県に入れることができるなんて、不思議ですね。

地図をもっと楽しみたい

中学生のみなさんは普段、紙の地図とデジタルの地図、どちらを使っていますか。どちらもそれぞれによさがあり、それらを知れば、より地図を堪能できるはずです。

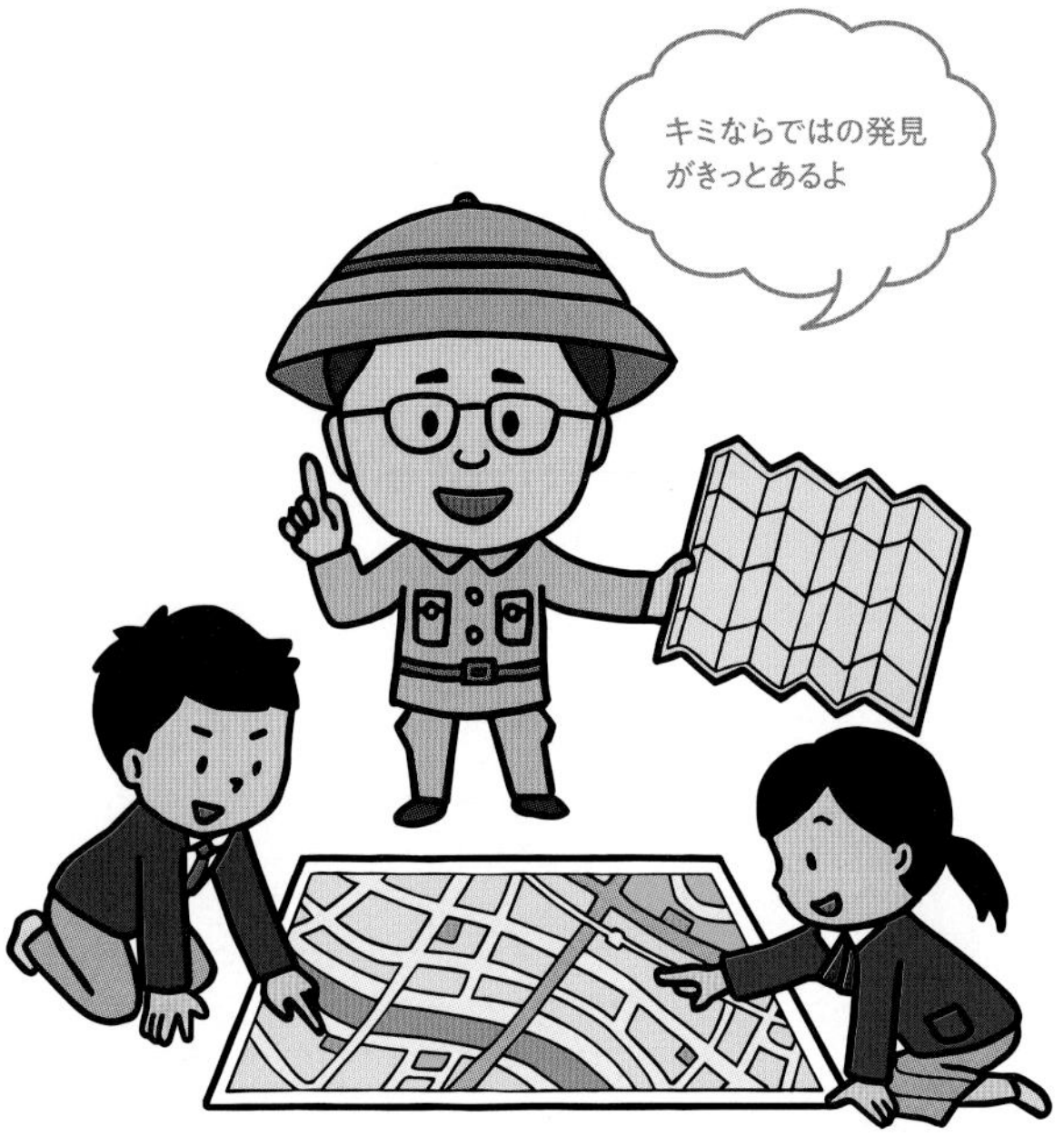

ここがすごいぞ 紙の地図

紙の地図のよさはなんといっても、地名など細かい部分も含め広い範囲を一面に見渡せること。目的の範囲以外も目に入りやすく、新たな気づきが生まれることも。

「地図愛好家の方々と定期的に集まり、みんなで大きな紙の地図を囲んで眺めています。それぞれに異なる発見をしてワイワイと話す時間はとても楽しいものです。

紙の地図を見るときは、その縮尺を把握することが重要です。『2万5000分の1』の地形図では、1㎞が4㎝になります。四畳半なら東京都から神奈川県小田原市、または京都市から神戸市がギリギリ入ります。地球全体ならば……と距離やサイズを体感しやすいのも紙のメリットですね。『2万5000分の1』の地形図を、40㎝ほどの高さから見下ろすと、高度1万mを飛ぶ飛行機からの景色を疑似体験できるといった遊び方もあります（笑）」（今尾さん）

ここがすごいぞ デジタルの地図

表示された画像を瞬時に拡大・縮小できるのは、デジタルの地図が持つ大きな利点といえます。なかには、駅から目的地までのルートや徒歩で向かった際の時間を表示できる機能を持ったものもあります。

そして国土地理院のデジタルの地図には、距離や面積を測る機能に加え、なんと始点と終点を選ぶと、その断面図を表示し、どれくらいの高低差があるかがわかる機能も。例えば東京都日野市豊田付近には河岸段丘があり、断面図を表示すると右下のようなグラフが示されます。

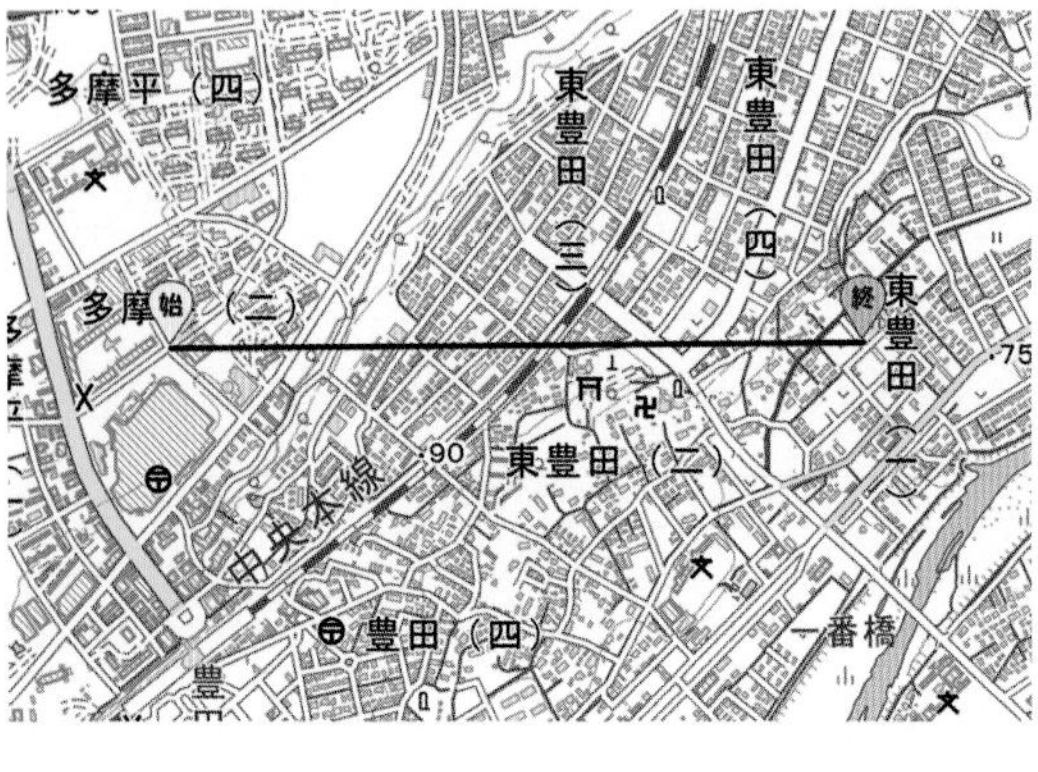

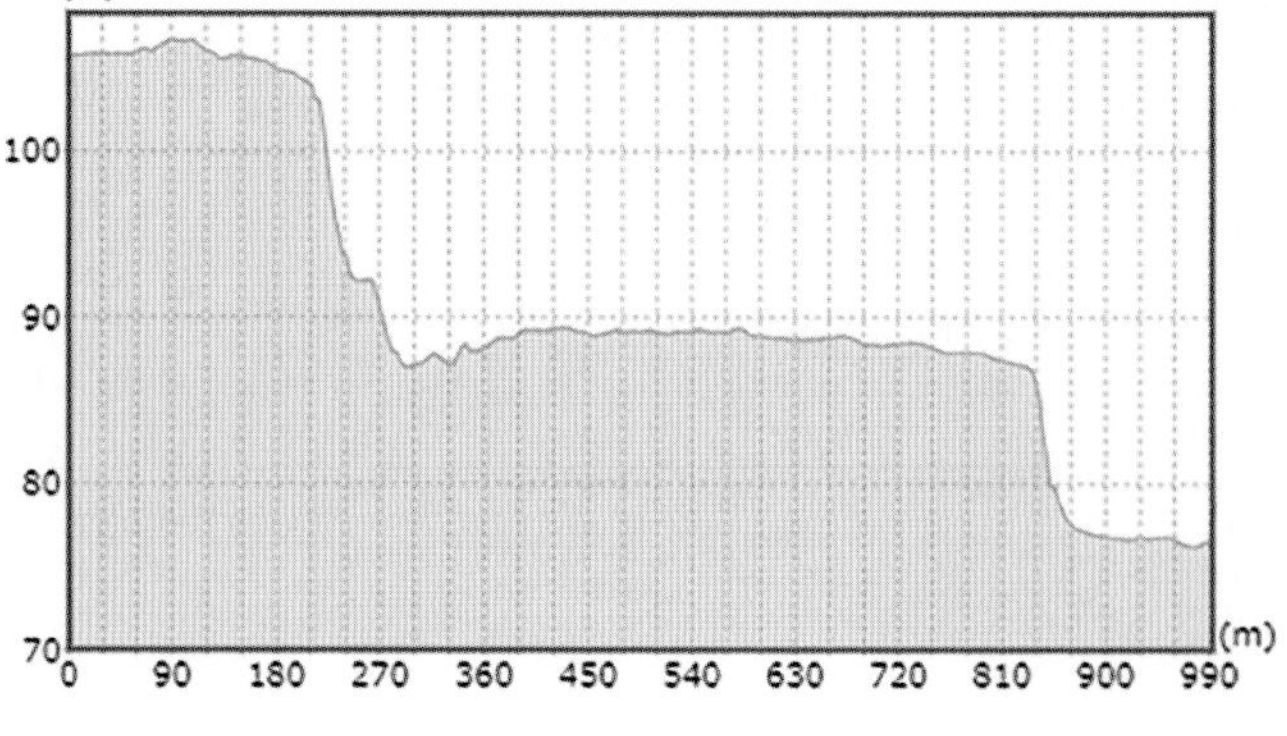

デジタルの地図はここまで進化！

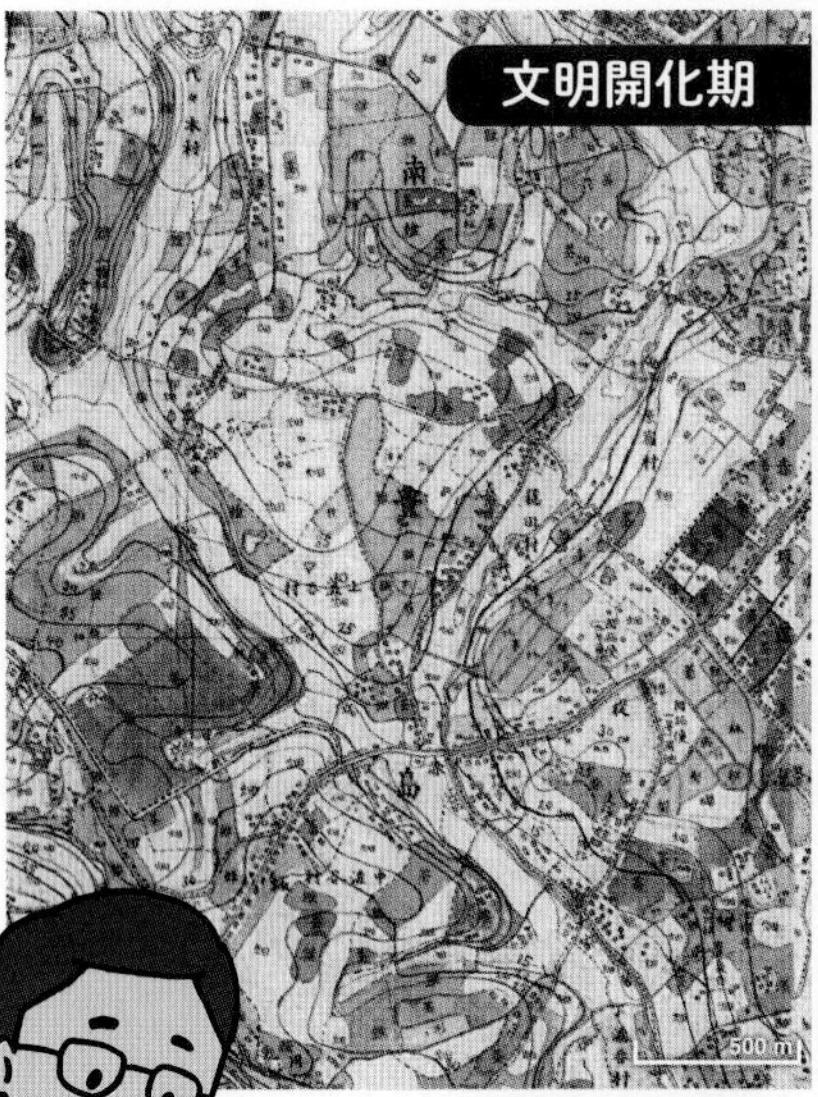

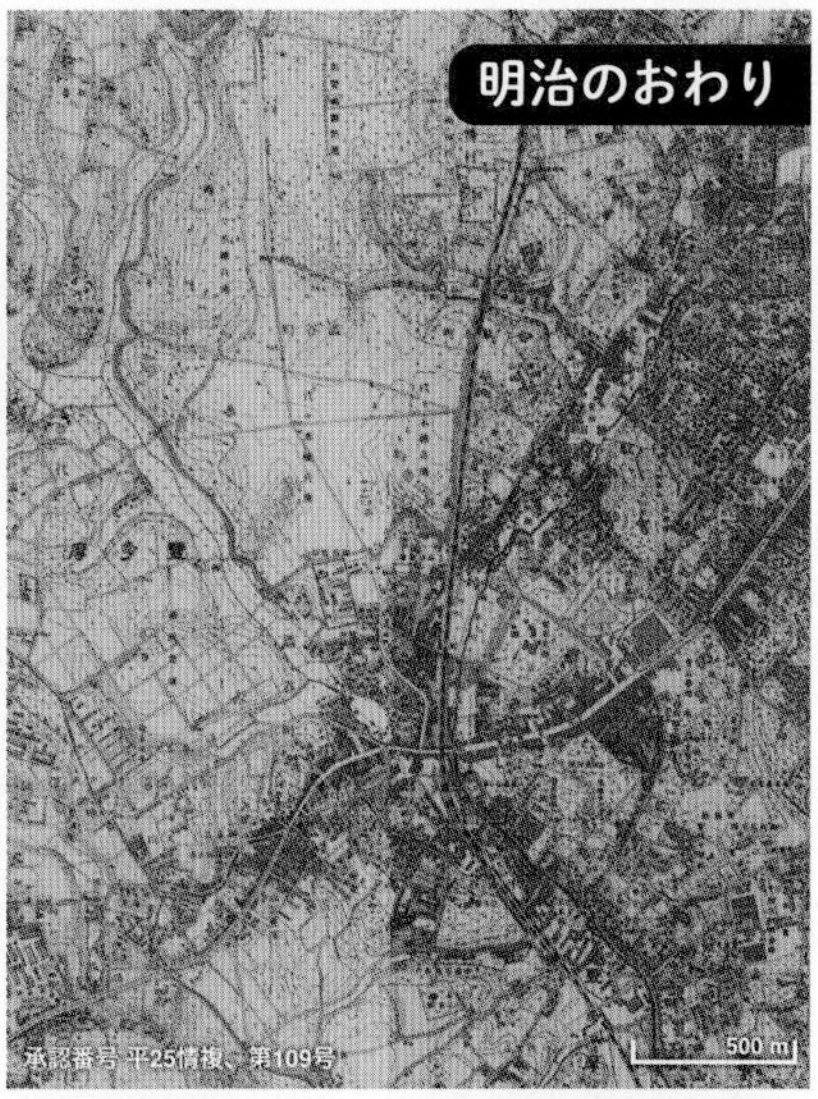

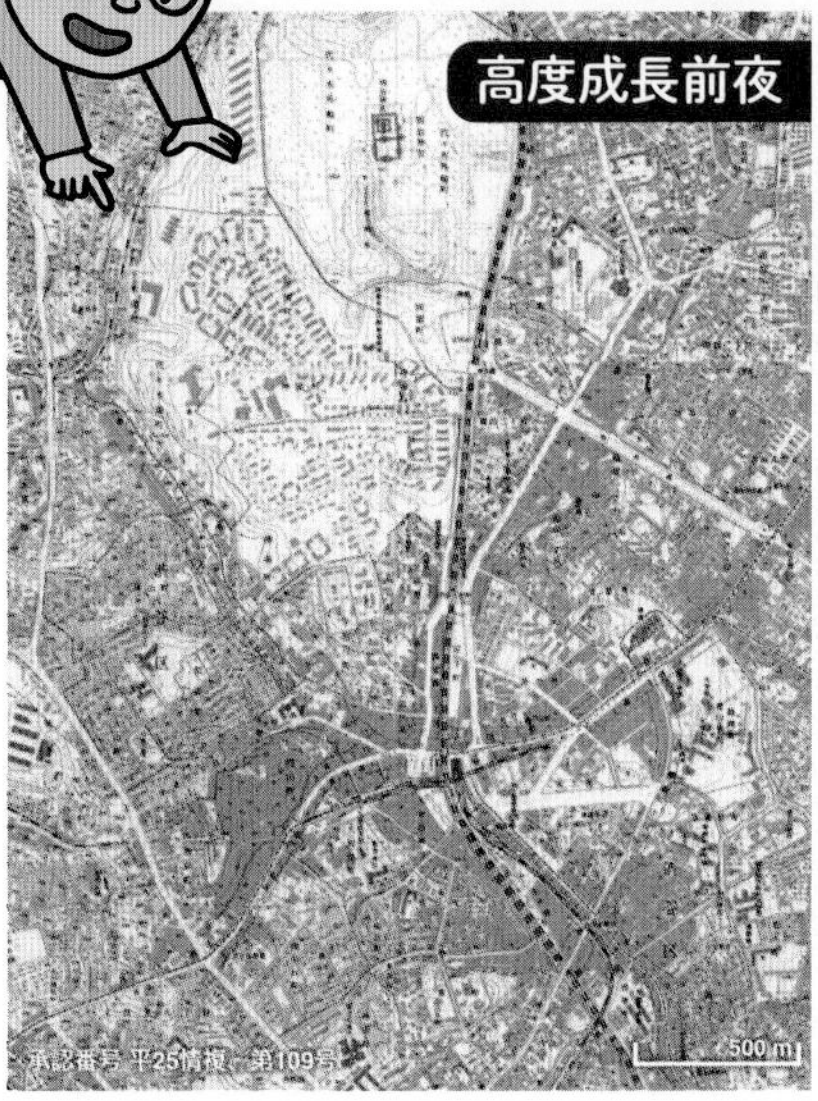

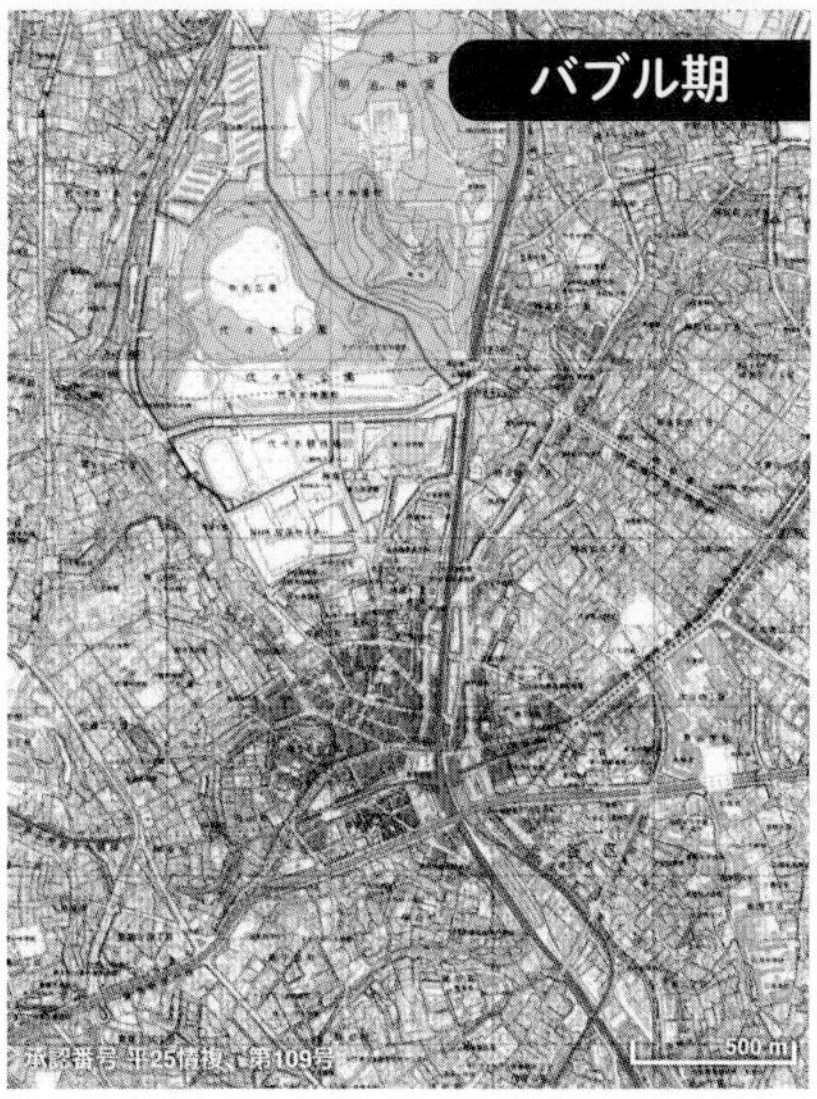

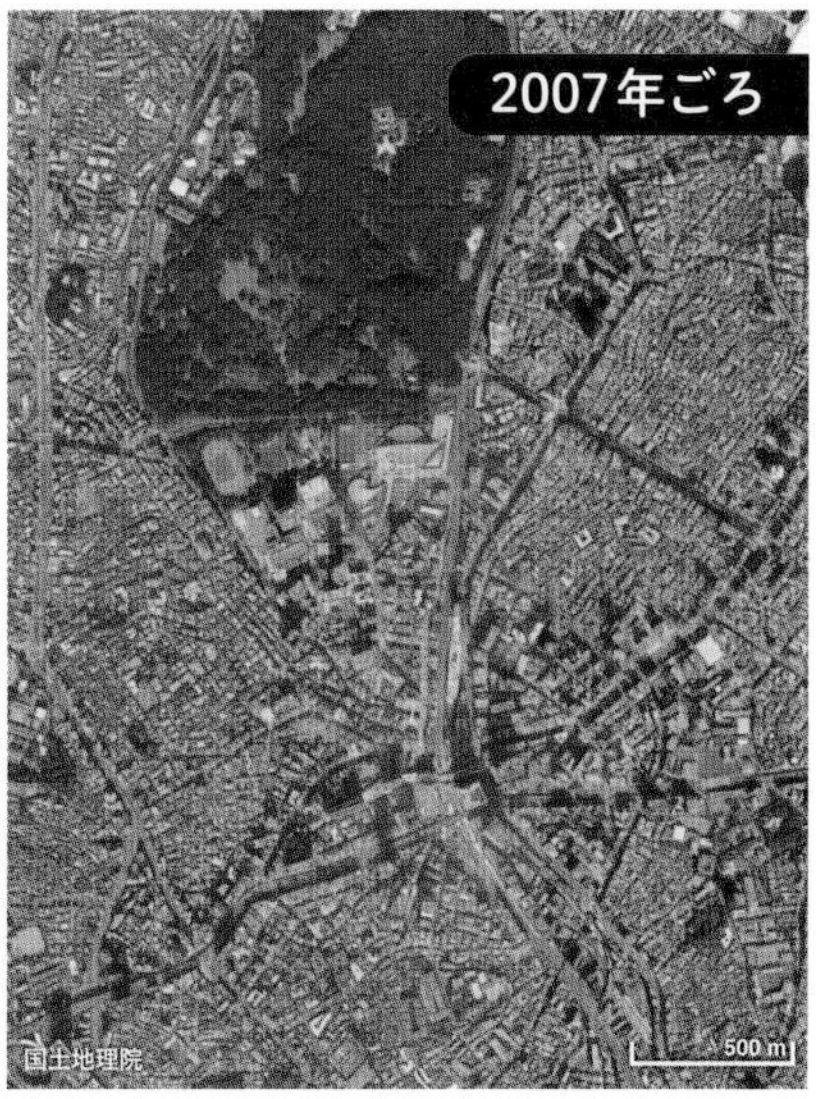

東京時層地図

みなさんは、一般財団法人 日本地図センターが発売しているデジタルコンテンツ「東京時層地図」を知っていますか。なんと7つの異なる時期（文明開化期、明治のおわり、関東地震直前、昭和戦前期、高度成長前夜、バブル期、現代）の地図を表示でき、時代とともに、東京がどのように変わっていったのかを知ることができるんです。ここでは渋谷にズームイン！

「渋谷」の変化がひと目に

現在も開発が進む渋谷。みなさんもテレビで町の様子を見たことや訪れたことがあるのではないでしょうか。文明開化期には、いまの渋谷からは想像できない景色が広がっています。そこから、鉄道が走り建物が増え、渋谷の町は変貌《へんぼう》を遂げていきます。

「発展」の姿がリアルに

じつは「東京時層地図」では航空写真も見ることができます。昭和時代初期の渋谷、そしてみなさんが生まれたころの渋谷の航空写真から、なにを感じるでしょうか。

Q 中学生で地図に興味を持ち、どのように楽しんでいたのですか。

まずは実際の景色と見比べていました。そうやって徐々にどんなふうに町が記号化されるのかを理解していったんです。次の段階では、まだ訪れたことのない場所の地図を見て、現地の風景を想像するようになりました。

時間があれば、ニヤニヤしながら地図を眺めるという子どもでしたね（笑）。ムダな時間に感じられるかもしれませんが、地図が好きという気持ちは現在まで続き、そして仕事にもつながったので、興味のあることに没頭する時間は決してムダではないのだと感じています。

高校受験を控えたみなさんは、毎日とても忙しいと思います。ただ、そのなかでも好きなことを見つけて、それを継続していってほしいです。その趣味は一生ものになるかもしれません。

Q 地図に興味を持ったきっかけを教えてください。

中１の社会科の授業で、先生が地形図を見せてくれたことでした。記号で精密にその地形が描かれていることに感動したんです。学校から帰るとすぐに、自分が当時住んでいた横浜市の地形図を買いに行きました。その後は、父の勤め先がある地域、祖父母が暮らす地域など、とにかく自分が知っている場所の地形図を集めていったのを覚えています。

中２のときに母から渡された地図に関連する本からも影響を受けました。そこには中学生の私がまだ見たことのない外国の地図が載っていたんです。手描きのカラフルな地図があって、地図１つを取っても国ごとに特色があるのだと興味を持ちました。そして社会人になると、個人的にドイツやフランス、ギリシャなど、様々な国から地図を取り寄せるようになりましたね。

今尾さんに聞きたいあれこれ

Q 読者の中学生にメッセージをお願いします。

受験勉強がつらいと感じることもあるかもしれません。しかし、ぜひ日々の勉強のなかにも、おもしろさを探し出してください。人生は長いようで短いものです。つまらないと思いながら時間を過ごしていてはもったいないですよ。いま目の前にあることを楽しんでしまいましょう。どんなことにも自分なりのおもしろさを見つけられる、これが人生を楽しむコツだと思います。そして、ときにはぼーっと地図を眺める時間を持ってくれたら嬉しいですね。

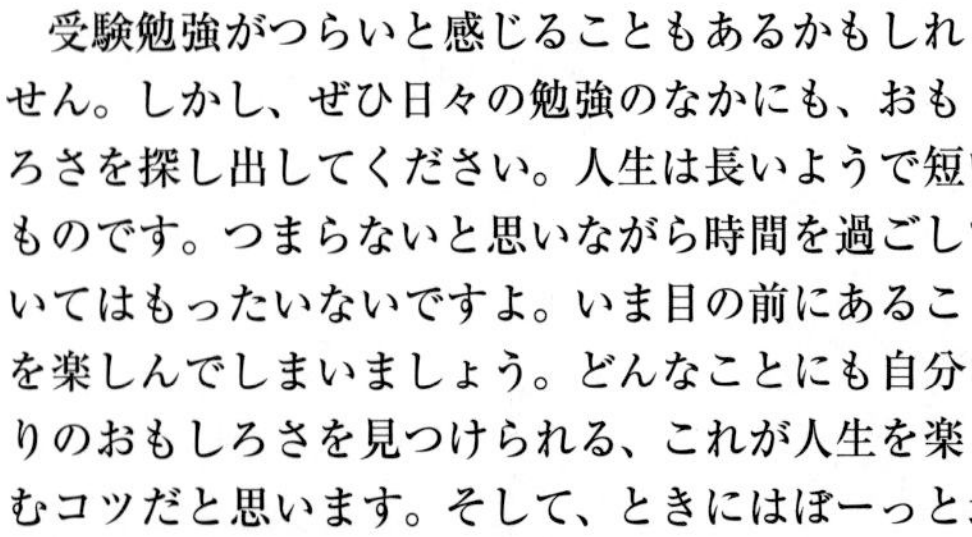
地図の旅を満喫できたかな？　次はキミだけの旅に出発だ！

Q 今尾さんにとっての地図の魅力とはなんでしょうか。

地図は気づきの宝庫です。例えば、日本は島国ですが、中国大陸を起点に見てみると、ずいぶんと距離が近いのだと実感したり、時代が異なる地図を見比べて、その変遷《へんせん》を知り、町は生きものなのだと気づいたり……。いくらでも見ていられます（笑）。

地形図にはガイドブックのような「おすすめスポット」は載っていませんが、だからこそ自分だけのお気に入りの場所が見つかるかもしれません。不思議な地形が気になって調べたら、次の興味が生まれて……と新たな発見がきっとあります。

普段出かける際も、どのルートを使って出発地から目的地まで向かうのか、目的地の周辺にはどのような景色が広がっているのか、地図を見ながら想像を膨らませると、その行程がより味わい深いものになるのではないでしょうか。

私立高校 WATCHING

埼玉　さいたま市　女子校

淑徳与野高等学校《しゅくとくよの》

心の豊かさを育み 自らの生き方を見つけ出す

進学指導と情操教育を調和させ、生徒の幅広い力を伸ばしている淑徳与野高等学校。異文化理解への素養を身につけられる、多様な国際教育も魅力の学校です。

里見裕輔《さとみゆうほ》　校長先生

所在地：埼玉県さいたま市中央区上落合5-19-18　アクセス： JR埼京線「北与野駅」・JR京浜東北線ほか「さいたま新都心駅」徒歩７分、JR京浜東北線ほか「大宮駅」徒歩15分
生徒数：女子のみ1108名　TEL：048-840-1035　URL：https://www.shukutoku.yono.saitama.jp/

⇒５ステージ通年制　⇒週５日制　⇒月～金７時限　⇒45分授業　⇒1学年９クラス　⇒１クラス約40名

人間性を涵養する「淑徳の時間」

いまからおよそ130年前。尼僧・輪島聞声《もんじょう》は「女性の『淑徳（よい徳を身につけること）』を養成したい」という思いを胸に、東京都文京区小石川にある伝通院の一角に、淑徳女学校を開校しました。1946年には、埼玉県与野市（現さいたま市）に淑徳高等女学校与野分校が開設されます。それが淑徳与野高等学校（以下、淑徳与野）の前身です。

「大きな川の源流がひとしずくの水滴から始まるように、本校の歴史は小さな学校から、輪島先生の情熱をもとに生まれました。彼女の教育に対する思いが建学の精神として、今日まで脈々と受け継がれてきたわけです」と語るのは、里見裕輔校長先生。学校の「形なき個性」ともいえる建学の精神を、現在の生徒にも大切にしてほしいと願っています。

そんな淑徳与野が、進学指導と両輪を成すものとして重視しているのが「人間性の涵養」です。花まつりや成道会《じょうどうえ》といった学校全体で行う仏教行事はもちろん、高1・高3に週1時間ある「淑徳の時間」の授業もまた、心の豊かさを育む大事な機会となっています。

自らも教壇に立つ里見校長先生が「私はなるべく、生徒が興味を持てるようなおもしろい話を通して、仏教の精神を伝えたいと考えています。例えば最近は、多くの人のためを思って行動する『利他の精神』を感じ取ってほしいと思い、宮沢賢治の生涯を紹介しました。教科の授業とは違った角度から、芸術文化や人間の営みに触れられるのが『淑徳の時間』です」と話されるように、授業で聞いた話をもとに深く考えをめぐらせることで、自らの生き方や社会とのかかわり方に対する新たな視点を獲得し、共生の心を育むことがめざされています。

み魂（みたま）まつりの様子。仏教行事は年に４回開催されています。

類型別のクラス編成で希望進路をかなえる

淑徳与野では早期から大学受験を意識した授業を行うため、類型別のクラス編成を採用しています。

難関国公立大学や、医学部をはじめとする理系学部への進学をめざすT類では、授業に加えて土曜進学講座を活用しつつ、計画的にハイレベルな学習を進めます。国公立大学や難関私立大学進学を目標とするSS類（理系）とSA類（文系）では、得意科目の伸長を意識した授業で大学合格に向けた確かな力を養います。R類（文系）は、学校推薦型選抜や総合型選抜を活用して大学進学をめざすクラスです。MS類（文系）も学校推薦型や総合型選抜を利用し、文系学部、看護・栄養系学部への進学をめざします。

MS類以外は、高1ではすべての類型が共通のカリキュラムで勉強します。そのため、希望する生徒は高2の進級時に類型変更を行うことも可能です（MS類を除く）。高2からは類型ごとに用意された専用カリキュラムで学習を進めるため、受験に必要な学力を着実に身につけていけるというメリットがあります。

こうして培った学力をもとに、志望校選択の際には教員と繰り返し面談を重ね、きめ細やかなアドバイスを受けながら受験計画を立てていきます。

「本人にとって、大学入試は初めてのことですからね。教員は毎年たくさんの生徒を送り出していますので、『初めて』にチャレンジする生徒をチームになってサポートします。本校のよさとして、生徒と教員の距離の近さをあげてくれる方がよくおられるのですが、そのことが進路指導でも活きていると感じます。『自分の個性や考え方を理解してくれている』と教員を信頼しているからこそ、安心して受験勉強に励むことができるのでしょう」(里見校長先生)

進路指導の成果は進学実績にも表れており、毎年ほとんどの生徒が現役で4年制大学への合格を果たしています。同じ目標を持つ仲間と机を並べて日々を過ごすため、クラスのきずなも生まれやすい環境です。切磋琢磨しながら、受験をみんなで乗り越えようと団結する雰囲気があるのが、淑徳与野のよさの1つです。

体験学習を重視した 異文化に飛び込む国際教育

世界への視野を広げることを目標に、国際教育にも力を注ぐ淑徳与野。アメリカ、カナダ、ニュージーランドのいずれかの国に3カ月間留学する「インターナショナルプログラム」をはじめ、世界8カ国を対象に短期間での留学が可能な「国際交流プログラム」、「短期語学研修」など、様々な機会が設けられています。

高2で実施される6泊8日の「アメリカ修学旅行」では、姉妹校・提携校の協力のもと、生徒全員が3泊4日のホームステイを体験します。なにを行うかはホストファミリーに任されているため、それぞれが経験してきたことを帰国後に共有して、さらに学びを深めることができるのも魅力です。

別の日程には、クラスごとに分かれてテーマ別研修が実施されます。例えば産業をテーマにしている場合、現地の企業を訪問して工場見学をしたり、事前学習で準備した新商品のプレゼンテーションを行ったりします。こうして海外で働く日本人の姿を目の当たりにすることは、世界を舞台に活躍するキャリアイメージを育むきっかけにもなるのだといいます。

また、淑徳与野は2010年にNPO法人と協力して、カンボジアのチッダイ中学校に新校舎を建設し、「淑徳与野なでしこスクール」と名づけて寄贈しました。2年に1度、学校代表が現地を訪問して文化祭の収益金を寄付したり、困っていることがないかヒアリングをしたりする取り組みが続けられています。

「せっかく海外に行くのですから、そこで得難い体験をしてほしいです」という里見校長先生の言

学校施設

曲線を意識したデザインが特徴の淑徳与野の施設。天気がいい日の屋上運動場では、ピクニックシートを敷いて友人と昼食を食べる生徒の姿も見られます。

2

1

5

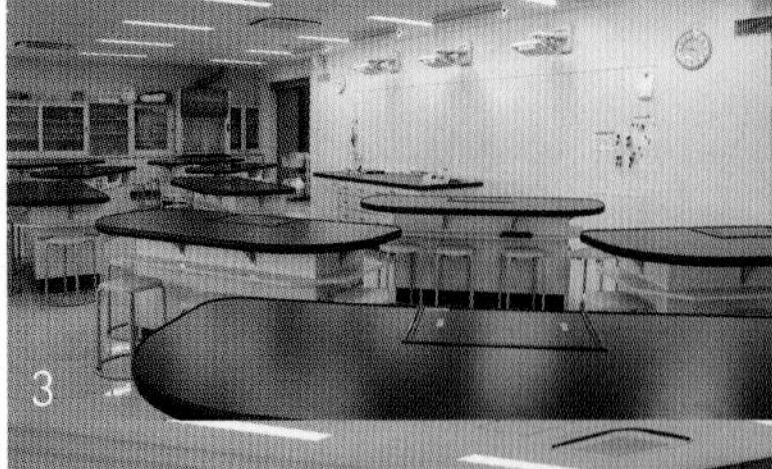
3

4

1.屋上運動場　2.仏教行事や「淑徳の時間」などで使用する利行堂(りぎょうどう)　3.理科室　4.大学の入試情報を一手に集める進路情報センター　5.体育館

6.ICT機器を活用した授業の様子　7.インターナショナルプログラム（ニュージーランド）でのハイキング風景　8.インパクト体験棚卸し
9.アメリカ修学旅行での企業訪問（Nike本社）　10.学習指導風景　　写真提供：淑徳与野高等学校　※写真は過年度のものを含みます。

学校生活

教員が操作するタブレット端末の画面を黒板のスクリーンに投影して授業を行うなど、ICT機器の活用も積極的に行われています。

葉にも表れているように、これらのプログラムでは現地の文化を実際に見聞し、体感することが重視されています。近年はコロナ禍の影響で規模を縮小していたものもありましたが、情勢をふまえて徐々に従来通りの内容に変更していくことが予定されています。

互いを高めあい 社会に有為な人物へ

キャリア教育では職業選択に関する学習にとどまらず、21世紀型の権限なきリーダーシップを育てることをめざした様々な取り組みが実践されています。

例えば高1の6月には、宿泊行事のなかで「インパクト体験棚卸し」を実施。ここでは別のクラスの生徒と3人1組のグループを組み、これまで生きてきたなかで経験した、強く印象に残っている出来事を発表します。その体験に対する意見をお互いにフィードバックしあうことで新たな自分を発見し、将来への可能性を広げていきます。

「自分自身も成長しながら相手も高めていくという意味では、キャリア教育も、みんなで挑む受験勉強と同じ側面を持っています」と里見校長先生。有機的につながる学びのなかで、自分は社会のためになにができるのか、そのためにはどんな大学へ進んでなにを学べばいいのかなど、今後の生き方を深く考え、将来の夢をかなえる力を養ってほしいと生徒に熱い期待を寄せています。

最後に、淑徳与野を志望する読者にメッセージをお願いすると、里見校長先生は「ここは、とってもいいところだと思います」とほほ笑みながら話されました。

「明るく、のどかで、自由な雰囲気を持った学校です。大学受験に必要となる学力はもちろん、目には見えない心の糧もたくさん得ることができるはずです。3年間を過ごして、『淑徳与野にいてよかった』と思っていただけたなら、これほどありがたいことはありません」

■2022年3月　大学合格実績抜粋　（ ）内は既卒

国公立大学		私立大学	
大学名	合格者数	大学名	合格者数
北海道大	1（0）	早稲田大	65（0）
筑波大	3（1）	慶應義塾大	21（2）
東京医科歯科大	1（0）	上智大	46（0）
東京外国語大	3（0）	東京理科大	31（1）
東京海洋大	3（0）	青山学院大	27（0）
東京学芸大	1（0）	中央大	38（1）
東京農工大	3（1）	法政大	54（2）
お茶の水女子大	2（0）	明治大	103（2）
千葉大	3（0）	立教大	147（3）
埼玉大	8（0）	学習院大	55（0）
横浜国立大	1（0）	津田塾大	18（0）

公立高校 WATCHING

神奈川県立 湘南《しょうなん》高等学校（共学校）

湘南という大きな器で世界を動かすリーダーとなる

学力はもちろん、次世代に必要となる総合的な人間力を育む神奈川県立湘南高等学校。学校生活を通して「見える学力」と「見えない学力」を培う湘南生は、日々挑戦を重ねながら、忙しくも楽しい学校生活を送っています。

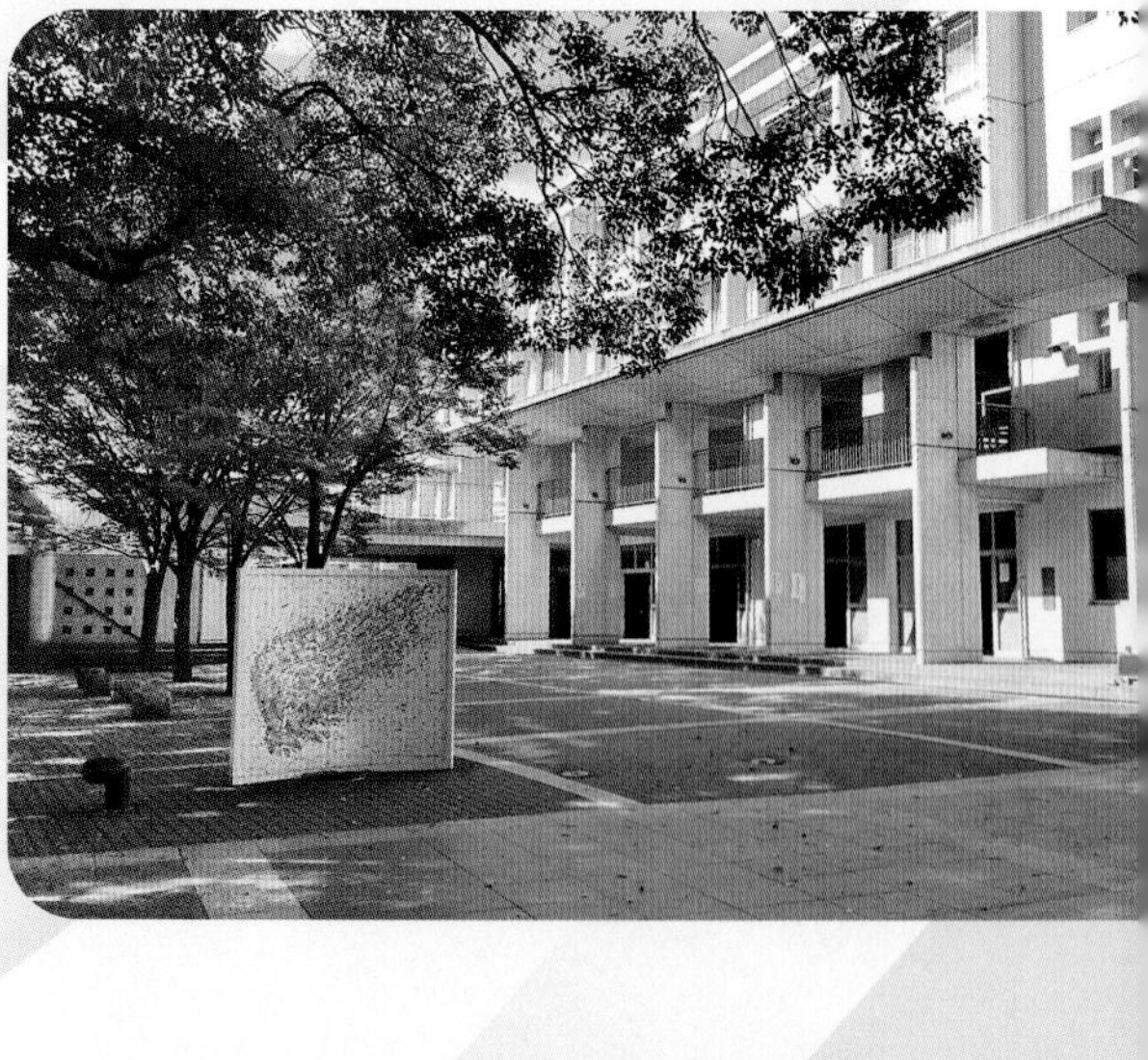

つねに全力で取り組む「Always do」の精神

風光明媚な湘南の地に校舎をかまえている神奈川県立湘南高等学校（以下、湘南）。初代校長・赤木愛太郎が力を入れて取り組んだ「智・徳・体三育の調和的発達」「文武両道」は、いまでも脈々と受け継がれており、勉強・部活動・行事のすべてに全力で取り組む生徒たちは「日本一忙しく、そして日本一楽しい」学校生活を送っているといいます。

教育のモットーである「最も困難な道に挑戦せよ —Always do what you are afraid to do—」（以下、Always do）について、卒業生でもある池辺直孝校長先生は「私が高校生だったころ、当時の校長先生が『迷ったら大変そうな道を進みなさい』と話してくれました。Always doという言葉を聞いたとき、『昔と変わらないな』と思いましたね。高い志を持って色々なことに挑戦する湘南生の姿はいまも変わらず、エネルギーにあふれていますよ」と話されます。

ともに学ぶ仲間の存在が勉強のモチベーション

開校以来、湘南の教育はリベラルアーツ※の獲得を念頭において構築されてきました。これが最もよく表れているのが、文系・理系などのコース選択のタイミングです。高1・高2は共通履修で、全員が5教科7科目をしっかりと学びます。そして高3で初めて文理を選択、進路別に分かれた授業が行われるのです。

池辺校長先生は、「長い人生、な

※教養を深める学問、芸術のこと

所在地：神奈川県藤沢市鵠沼神明5-6-10
アクセス：小田急江ノ島線「藤沢本町駅」徒歩7分、JR東海道線ほか「藤沢駅」徒歩20分
生徒数：男子584名、女子485名
TEL：0466-26-4151
URL：https://www.pen-kanagawa.ed.jp/shonan-h/

⇨ 2期制
⇨ 週5日制
⇨ 月・火・木5時限、水・金4時限
⇨ 70分授業
⇨ 1学年9クラス
⇨ 1クラス約40名

にが自分の助けになるかわかりません。生徒にはできるだけ幅広い分野を学んで、知識を結びつけながら、世界を横断的にみる力を養ってほしいんです」と話されます。

日々の授業は1コマ70分、2週間を1サイクルとして時間割が設定されているので、生徒は大きな流れのなかで着実に学びを定着させていくことができます。

授業では頻繁に小テストを実施。生徒はその結果を競うことで勉強のモチベーションにしています。生徒同士が自発的に競いあうことで、結果的に学校全体の学習に対する意欲が高まっているそう。

「切磋琢磨するのが好きな集団なので、みんな一生懸命に勉強します。生徒同士の対話を中心とした授業も多く、『自分が怠けたら仲間の勉強の機会を奪ってしまう』という思いもあるでしょう。学校全体に『みんなで学んでいく』という雰囲気があります」（池辺校長先生）

池辺《いけべ》 直孝《なおたか》 校長先生

また、「宿題への取り組み方は生徒に任せています。登るべき山は示しますが、登り方は生徒が自分で考えるんです」と話す池辺校長先生。湘南では、教員からの指示がなくとも、生徒自ら自分に必要な勉強を判断し、自学自習を進めています。

互いの挑戦を尊重して 全員が輝ける学校に

主体的に学習に向かう湘南生。そのマネジメント力は行事や部活動などの課外活動にも存分に活かされています。行事で特徴的なのが、3学年縦割りチームで競う体育祭です。なかでも最も盛り上がるのが、チーム全員で劇を行う「仮装演技」だそう。リーダーの総務長を中心に、演目の構成や衣装の考案、小道具の制作、鉄パイプを

[授業・部活動] 授業では、知識のインプットはもちろん、①ペアワークなどを通してアウトプットも行います。主要5教科以外の授業（②美術）も、おろそかにすることはありません。部活動（③合唱部、④女子テニス部、⑤ラグビー部、⑥吹奏楽部）にも盛んに取り組みます。

［学校行事］①文化祭や②合唱コンクールを通して、生徒は仲を深めます。体育祭では、21枚のベニヤ板を使って③チームごとの看板を作成します。目玉競技「仮装演技」では、３学年で協力して④衣装や⑤大道具を用意し、⑥当日はスケールが大きく、クオリティの高い劇を披露します。

組んで大道具を設置する作業も手分けして行います。

「積極的にクラスを引っ張っていく生徒、踊りが得意な生徒、ものづくりが好きな生徒など、それぞれの持ち味を活かしながら役割分担をし、劇を作っていきます。1から生徒が手掛けるので、その過程で1人ひとりのいいところが自然と引き出され、どの生徒も必ずどこかで輝けるような仕組みになっています」（池辺校長先生）

また部活動には全生徒の97％が、18ある運動部、28ある文化部のいずれかに所属しています。

湘南の課外活動で特筆すべき点は、生徒がつねに新しい挑戦をしていることです。ジャグリング部では、「全国で高校生が発表できる大会がない。ならば自分たちで作ろう」という生徒の発案から、「日本高校生ジャグリング大会」を企画し、2011年から運営。大会要項の作成から資金集めまですべて部員が行っています。

「湘南の生徒は、『勉強ができるからすごい』では終わりません。次はこれをやってみようと挑戦し続ける精神があります。2022年度の文化祭では、実行委員会の2人が来場者の入場を自動管理できるシステムを構築し、2日間で約8000人の来場者をスムーズに誘導しました。おかげで当日はいっさい混雑が起きませんでした」（池辺校長先生）

生徒は「学校」という枠にとらわれず、試行錯誤を繰り返しながら、興味があることに挑戦します。生徒同士で多様性を認めて尊重しあう環境があるからこそ、自分の持つエネルギーを存分に発揮しながら、忙しくも充実した学校生活を送ることができるのでしょう。

多分野で活躍する卒業生の後ろ姿を見て育つ

課外授業や特別講座も豊富な湘南。生徒は学内で培った個性を、学外の人々とのかかわりを通して、さらに伸ばしていきます。

課外授業のなかでも人気の取り

公立高校
WATCHING

組みの1つに、夏期講習として行われる夏期校外講座（サマースペシャル）があります。このプログラムでは、東京大学在学中の卒業生に話を聞く「東大生と語る！」や、作家といっしょに現代文の問題に取り組む「現代作家が読み解く『文学の力』」など、外部講師とともに学べる講座が複数用意されています。生徒は講師の話を聞いたり、実際に体験したりすることで、学校生活で得た経験や知識を実践に移しながら深めていきます。

またキャリア教育においては、卒業生とのつながりを活かした進路講演会を多く取り入れている点が魅力です。長い歴史を持つ湘南は幅広い分野に卒業生を送り出してきました。生徒たちは卒業生から様々な話を聞くことで、将来への大きなビジョンを描き始めるといいます。

「卒業生は政治、経済、文化、スポーツなど各界で活躍しています。なかにはお笑い芸人、エンジニア、東京藝術大学の学生を同時にこなしている方もおり、みなさん個性的な人生を歩んでいます。進路講演会では様々な分野で活躍する方からお話を聞けるので、生徒は毎回目を輝かせています。彼らにとって卒業生は灯台のような存在で、その光を意識して日々の勉強を頑張ります。色々な卒業生がいるので、きっと自分のロールモデルになる人物が見つかるはずです。我々はその手助けができればと思っています」（池辺校長先生）

生徒は実際に社会で活躍している卒業生たちの後ろ姿を見て、「いまの自分にはなにができるのか」と、自問自答を繰り返しながら挑戦、模索を続けます。このような経験を通して、生徒は勉強・部活動・行事をやり抜く「湘南生」になっていくのです。

学校全体で競いあうなかで身につけていく「見える学力」と、部活動や行事、卒業生の話を聞くことで育まれる「見えない学力」の両方を養っていく湘南。最後に、池辺校長先生に読者のみなさんへのメッセージを伺いました。

「『あなたは世界をどう変えますか?』。私がよく生徒に問いかける言葉です。社会には多くの問題がありますが、それを解決できるかできないかは、自分が諦めるか諦めないかにかかっています。みなさんのなかにある好奇心を活かしながら、好きなことを追究し、世界にインパクトを与えてください。湘南にはその精神を育む環境があります。湘南に入学して最高の3年間にしませんか」

[施設] ①照明設備のあるグラウンドのほか、体育館は第1と第2の2つがあります。②図書館は受験期は21時まで利用可能です。

写真提供：神奈川県立湘南高等学校　※写真は過年度のものを含みます。

■2022年3月　大学合格者実績抜粋（　）内は既卒

国公立大学		私立大学	
大学名	合格者	大学名	合格者
北海道大	24（8）	早稲田大	192（48）
国際教養大	2（0）	慶應義塾大	119（31）
東北大	9（2）	上智大	60（9）
筑波大	4（0）	東京理科大	94（37）
東京大	20（10）	青山学院大	51（16）
東京外国語大	5（0）	中央大	80（23）
東京工業大	16（3）	法政大	96（26）
お茶の水女子	4（0）	明治大	194（59）
一橋大	16（4）	立教大	46（19）
横浜国立大	39（4）	学習院大	7（1）
京都大	7（3）	北里大	10（3）

ワクワクドキドキ
熱中部活動

佼成学園女子《こうせいがくえんじょし》高等学校

ダンス部

部員同士で支えあって魅力的なパフォーマンスを！

佼成学園女子高等学校のダンス部は、中学生といっしょに活動しています。広々とした練習場、プロのダンサー、ダンス経験のある顧問から指導を受けられる充実した環境のなかで、より魅力的なダンスを披露しようと練習に励んでいます。

今回紹介してくれたのは

高2 キャプテン 小松崎《こまつざき》 花恋《かれん》さん

高2 部長 坂本《さかもと》 琳乃《りの》さん

School information〈女子校〉
所在地：東京都世田谷区給田2-1-1　アクセス：京王線「千歳烏山駅」徒歩5分、小田急線「千歳船橋駅」「成城学園前駅」バス　TEL：03-3300-2351　URL：https://www.girls.kosei.ac.jp/

どうしたらきれいに見えるか全員で試行錯誤の毎日

佼成学園女子高等学校（以下、佼成女子）のダンス部は高1・高2が計20人所属し、中学生と合わせて約50人の大所帯で活動しています。

4月の新入生歓迎会に始まり、乙女祭（文化祭）、定期公演会、大会など1年を通して発表する場があり、そのほとんどで振りつけの構成を変えてダンスを披露するそうです。

「例えば乙女祭だったら、部員全員で踊るものもあれば、中学生だけ、高1だけ、高2だけと学年ごとに分かれて踊るものもあります。オープニングで全員が踊り、そのあとに衣装替えがあるので、MCトークが入ります。そうした流れを繰り返して全部で大体50分ほどになります」とキャプテンの小松崎恋花さん。

部長を務める坂本琳乃さんは「週に4日、壁2面に鏡が張られたダンス場で2時間ほど練習しています。最初にストレッチをして、そのあとに首や腰などのアイソレーション（ある部分だけ動かすこと）をしていき、そこで1人ひとりがどうしたらもっと魅力的に踊れるかを試行錯誤しています。乙女祭など発表会が人前で踊ることに緊張する部員も多いそうですが、それを乗り越えるからこそ達成感があり、成長できるといいます。

昨年10月には杉並区で行われた「すぎなみ舞祭」に参加して、見事、準グランプリに輝きました。

近づくとそこで披露する振りつけの完成度を高めていきます」と、普段の活動の様子を話してくれました。

ステージで華麗なダンスを披露すると、声援が飛んでくることもあります。「自分の名前を呼んでもらって『こんなに楽しいんだ』と思いました。すごく元気が出るし、いままでに感じたことがない最高の気分です」と小松崎さん。

部員の大半はダンス未経験者で、高校から始める生徒も少なくないようです。小松崎さんもダンス未経験で入部しました。

「決め手になったのは、ダンス部の定期公演で踊っていた先輩たちの姿です。かっこいいと思い、すぐに入部を決めました。初心者でも入部しやすいですし、ダンスを習っていた人も楽しめます」（小松崎さん）

ダンス経験者と未経験者ではスキルの差がありますが、そこで大切にしているのがみんなで教えあうこと。「こうしたらどう?」など、練習中から部員同士で互いにアドバイスする姿が見られました。

「部員の動きは1人ひとり違うので、よく見て、その人に合ったアドバイスをすることを意識しています」と小松崎さん。

一方、坂本さんは小学生からダンスを習っていたそうで、その経験を活かし、アドバイスするときは「それぞれのダンスを見て『もっとこうした方がいいよ』と声をかけています。部長になってから、いままで以上に積極的に後輩とコミュニケーションを取っていたので、色々と質問してくれるようになって嬉しいです」と、笑顔を見せました。

ステージ上では、全員の動きを合わせてこそ。独りよがりの踊りは、いいパフォーマンスとはいえません。

小松崎さんは、そうしたことが求められるダンス部の部員をまとめるうえで感じたこともあるといいます。

「個々のスキルが必要なのはもちろんですが、団体で行うことなので、周りと合わせることを意識しています。1人だったらできないこと、ほかの部員がいたから気づけたこと、周囲の人に助けてもらったことがたくさんあり、協調性が大切だと感じています」

衣装も振りつけも 部員たちで考え作る

本番で着用する衣装は購入後、部員たちが加工しています。

発表する曲の振りつけも部員主体

練習は、校内にある壁2面に鏡が張られたダンス場で行います。卒業生のRISAKOコーチ（左写真中央）も練習に参加して、生徒たちにアドバイスします。

写真提供：佼成学園女子高等学校　※写真は過年度のものを含みます

で考えていますが、どうしても悩むことも。そこでサポートしてくれるのが、卒業生のRISAKOコーチです。プロダンサーとして活躍するRISAKOコーチが基本的な動きや技術をはじめ、振りつけ、曲構成などにもアドバイスしてくれます。

練習中も部員たちに声をかける姿が何度も見られました。

「プロの方に教えてもらえるのはすごいと思います」（小松崎さん）

「コーチが考えてくれた振りつけを踊ったときは、息が切れるほど大変なこともありましたが、同時にいつも以上に達成感があります」（坂本さん）

RISAKOコーチは「部員たちには『自分たちがやりたいからこれをやる』という意識をつねに持ってほしいと考えています。ですから、どんなふうに踊りたいか、部員の意見を聞いて、それをバックアップする形で教えています」と、温かい目で後輩たちを見守っていました。

プロダンサーの指導のもと、自分たちで構成を考え、衣装を用意し、練習してきたダンスを人前で披露する。これが一番の醍醐味です。

「観客も『楽しい』と思えるように大きく踊ること、そして自分らしさを出して、見ている人にこっちを向いてほしいと意識しています」（小松崎さん）、「これまで練習してきたことを思い出して頑張ろうと、集中して本番に臨みます」（坂本さん）と、練習の成果を出し切りたいのは全員同じ。その思いがあるからこそ、一糸乱れぬ踊りができるのでしょう。

日ごろの成果をステージで披露することに加えて、夏に開催される全国大会「日本高校ダンス部選手権（ダンススタジアム）」への出場も目標の1つ。佼成学園女子ダンス部は、日々の練習から全員の細かな動きを合わせ、より魅力的なパフォーマンスを披露して全国大会のステージに立つことをめざしています。

勉強　先輩からのアドバイス　受験

高2

小松崎 花恋さん　坂本 琳乃さん

Q佼成学園女子の特徴や学校生活の雰囲気を教えてください。

坂本さん：附属の中学校があるので、最初は内部生となじめるか不安でしたが、私のクラスはほとんどが外部生で、すぐに内部生とも仲よくなれました。また、佼成学園女子は英語に力を入れています。私は英会話の授業が好きで、先生との会話を通して実践的な英語力を伸ばすことができたと感じています。廊下でも外国人の先生とすれ違うことが多いので、気軽に英語で話しかけています。

小松崎さん：私は附属の中学校から進学しました。自分を持っている生徒が多く、自分の意見をしっかりと言える雰囲気の学校です。英語はとくに丁寧に教えてもらえます。英検に向けた授業もあるので、毎年、より高い級に挑戦しています。

Q佼成学園女子には3つのコースがありますが、どのコースに所属していますか。

小松崎さん：私は進学コースです。勉強と部活動どちらにも全力で取り組みたい生徒が多いです。

坂本さん：私も進学コースです。ほかにも佼成学園女子には国際理解や英語に特化した国際コース、ハイレベルな授業が魅力の特進コースもあります。

Q文武両道を実践するために意識していることはありますか。

小松崎さん：朝や2、3時限目の間にスコレータイム（勉強や読書など主体的、協働的な学びにあてられる時間）というものが30分ほどあり、そこでその日の小テストの勉強などをしています。自宅で勉強するのが苦手なので、みんなが集中している雰囲気のなかの方が勉強しやすいです。

坂本さん：私は放課後に時間があれば塾に行き、そこで集中して勉強しています。

Q坂本さんは高校からの入学ですが、高校受験期に行った対策はありますか。

坂本さん：もともと暗記ものが苦手だったので、家族に問題を出してもらう方法で勉強していました。計算問題は塾、暗記問題は自宅と分けていて、私にはこのやり方がとても合っていました。また、お菓子が好きだったので、「ここまでやったらお菓子を食べる！」と決めて、それをモチベーションにして勉強に励んでいました。

Q最後に読者に向けてメッセージをお願いします。

坂本さん：自分の力で頑張ることも大切ですが、周りの人に協力してもらう方法もおすすめです。家族に手伝ってもらったり、友だちに教えてもらいながら勉強してください。そうした方がはかどるはずです。

小松崎さん：佼成学園女子ではほかの学校では感じられないことやカフェテリアなど校内の施設が充実しています。乙女祭（文化祭）も楽しいです。ぜひ、勉強を頑張ってください。

国際社会に貢献する人材を「世界につながる教育」で育成する

関《かん》東《とう》国《こく》際《さい》高等学校

関東国際高等学校には、志望する言語を思いきり学べる多様なプログラムが用意されています。2023年4月から新たに2つの言語コースが開設され、生徒たちにいっそう豊かな学びをもたらします。

SCHOOL DATA〈共学校〉

Address 東京都渋谷区本町3-2-2　**TEL** 03-3376-2244

Access 都営大江戸線「西新宿五丁目駅」徒歩5分、京王新線「初台駅」徒歩8分　**URL** https://www.kantokokusai.ac.jp

新たに2つの言語コースが開設「世界教室」の学びを日常に

「世界につながる教育」をモットーに、国際色豊かなプログラムの実践を続ける関東国際高等学校（以下、関東国際）は、2023年度からイタリア語とスペイン語のコースを新設します。現在外国語科に開設されている英語コースや、日本の近隣諸国の言葉である中国、ロシア、韓国、タイ、インドネシア、ベトナム語のコースに加え、新しい地域の言語を取り入れることでさらなるグローバル化を推進していきます。

経験豊富なネイティブの先生がサポートしてくれるため、入学時はイタリア語、スペイン語の経験がゼロでも心配ありません。黒澤眞爾副校長先生も「ヨーロッパ圏は文化の豊かなエリアです。実学としての語学はもちろんですが、文化的背景を学んでこそ真の意味を理解できるようになります。きっとこの学園に、新たな風が吹くことでしょう」と強い期待を寄せています。

オンライン交流の様子

関東国際が独自に行う「世界教室」のカリキュラムも、コロナ禍を経験したことで大きな変化を迎えました。海外を直接訪問することが難しかったここ数年は、提携校とオンラインで交流をしました。現在も「日常における世界教室化」をテーマにおき、「毎日が世界教室」となるようにキャンパスと世界をオンラインで結びながら、交流を深めています。

今春からは世界22の国や地域との現地研修や交換留学、異文化体験ツアーが再開される見通しです。オンライン＋リアルでの交流により、ハイブリッド型の学びが展開されます。

高大連携による質の高い教育を生徒1人ひとりの進路に活かす

高校と大学が連携し、一貫した質の高い教育を提供する「高大連携ブリッジ授業」が行われていることも関東国際の魅力の1つです。提携大学の講義への参加や出張授業はもちろん、特別講座や指定校推薦と連動した授業など、様々なプログラムが実施されています。

こうした質の高い学びが提供されているのも、関東国際が独自の教育を続けるにあたり、「進路保証」という方針を大切にしてきたからです。多くの卒業生も、1年次から一般入試以外に総合型選抜や推薦型入試を意識して学習を続けてきました。

「私たちが扱う言語は専門性が高いため、一般的な大学では学び続けるのに十分な環境が整っていないことが多くあります。言語ごとに親和性の高い大学や学部と提携することで、生徒たちに一貫した良質な学びを提供できるよう取り組んでいます」（黒澤副校長先生）

高校と大学が密にコミュニケーションを取って信頼関係を構築してきたからこそ、生徒1人ひとりの専門性を活かした進路実績が実現しています。関東国際には、グローバルリーダーを志すみなさんを受け止める充実した環境が用意されています。

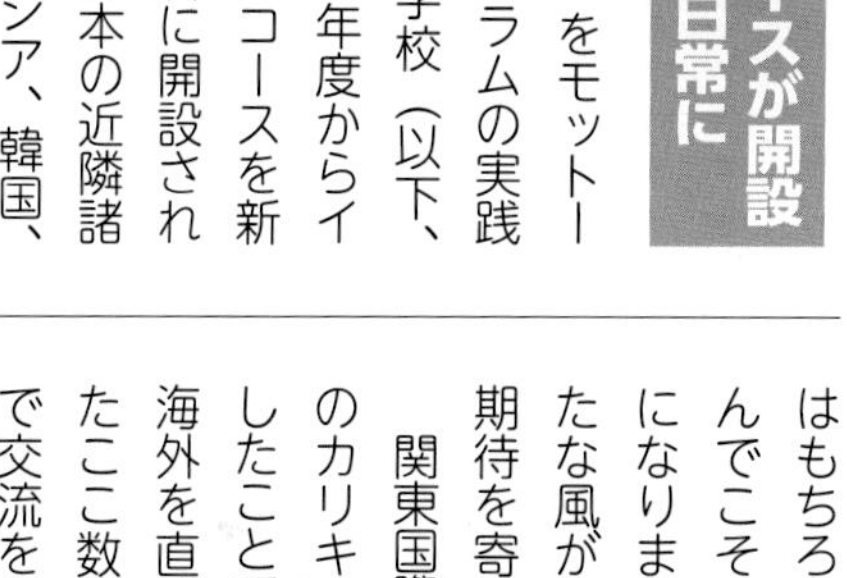
渋谷キャンパス

F マルタ島短期留学　G 和太鼓部「疾風」　H 体育祭

駒込《こまごめ》高等学校

〈共学校〉

駒込高等学校が校舎をかまえるのは、神社仏閣・日本庭園などが点在し、静穏な雰囲気が漂う東京・文京区の駒込エリア。落ち着いた雰囲気のなかで、生徒1人ひとりの強みを伸ばし自他を尊重する心を育む学校です。

人間教育を通じて得た気づきを胸に 自分の行動を律し他者を思いやれる人へ

駒込高等学校（以下、駒込）は、了翁《りょうおう》禅師によって、1682年に創立された「勧学講院」を前身とする学校です。教育の理念は「一隅を照らす」（与えられた場所で、向上心を持って全力を尽くす）人こそが、国や社会の宝である。加えて「忘己利他《もうこりた》」（己を忘れて他を利するは慈悲の極みなり）という精神も大事にしています。

「本校では、おもにこの2つの天台宗の教えをもとに人間教育を行い、自分の行動を律し、他者を思いやれる人材の育成をめざしています。生徒たちは『比叡山研修』をはじめとする仏教行事を経験し、豊かな心を培います」と話されるのは角田淳副校長先生です。

駒込では高1から特徴的な学びを行う3つのコースを設定しています。高度な英語力と社会的な課題解決のための力を養える「国際教養コース」、STEAM教育※を基盤とした独自の授業・課外活動・行事を行う「理系先進コース」、幅広い希望進路に対応する「特S・Sコース」のいずれかに生徒は属し、次世代を担うための力を培うとともに、ライフデザインを描いていきます。

なかでも国際教養コースは、世界標準を意識した特色あるカリキュラムを編成しています。オリジナル授業として、英語で国際情勢などについて討論する「異文化理解」や、社会的な課題について英

※科学・技術・工学・芸術・数学の５科目を組みあわせて、様々な課題解決に活かす教育

Photo　A 人工芝のグラウンド　B 勤学ホール　C 授業の様子　D 理系先進コースの独自の授業「STEAM」　E 比叡山研修

写真提供：駒込高等学校　※写真は過年度のものを含みます。

語を用いて調べ学習を行い、その結果をもとにプレゼンテーションやディベートをする「現代世界論」などを通じて、将来、国際社会で活躍できる力を涵養します。

より英語力を磨きたい生徒には、ICT機器を活用したオンライン英会話（全コースの希望者対象）も用意。外国人講師のマンツーマン指導で、4技能をさらに伸ばすことが可能です。

そのほか、駒込はコロナ禍においてもできるだけ生徒の学びを止めないように様々な語学研修・留学を行ってきました。2022年度は「ハワイセミナー短期語学研修」「マルタ島短期留学」「オーストラリア・ニュージーランド海外中長期留学」（いずれも希望制）を実施。今後も情勢に鑑みながら、海外で生きた英語を体験できる取り組みを継続する予定です。

比叡山研修で育む感謝の気持ち

仏教的情操教育に注力している駒込ならではの行事の1つが、例年5月に実施される「比叡山研修」（高1）です。この研修では、僧侶の法話を聞いて自分の生き方を見つめ直す「講話」、国宝に指定されている根本中堂での「※坐《ざ》禅《ぜん》止《し》観《かん》」、午前3時に出発して比叡山の峰を約30kmにわたって巡拝する「回峰行」などを体験します。食事作法も修行の一環です。食材の生産者、調理や配膳をしてくれた人々、いただく命に感謝しながら精進料理を食します。

「地元の学校以外で、比叡山で修行体験ができる学校は本校だけでしょう。豊かな自然と清らかな空気のなかで厳しい研修を終えた生徒たちは、中学生だったときの殻を破って高校生の顔に変わっています。研修後の感想文には、貴重な体験をしながら仲間とのきずなを深められた喜びのほか、周囲への感謝の気持ちを書く生徒も多いです」と、角田副校長先生。

このように、自分が周囲の人々の支えによって生きていると気づくことも、比叡山研修の大きな目的です。生徒たちはこの行事で得た気づきを胸に、その後の学校生活で仲間と切磋琢磨しながら心身ともに大きく成長していきます。

3コースそれぞれで行われる多彩な教育と独自の人間教育を両輪として、「一隅を照らす」人物を輩出する駒込。最後に角田副校長先生から読者のみなさんへ、受験についてのアドバイスがあります。

「まずは、中3の夏休みまでに中1・中2の内容をしっかり復習しましょう。入試問題は中2までの内容が約7割を占めますから、そこを疎かにしないでくださいね。次に、中学生のうちから規則正しい生活と健康管理を習慣づけておくことが大事です。この2つを心がければ、高校で勉強にも部活動にも全力を尽くせるはずです。みなさんが本校に入学される日を楽しみにしています」

※天台宗では座禅を「止観」または「坐禅止観」という

スクールインフォメーション

所在地：東京都文京区千駄木5-6-25
アクセス：地下鉄南北線「本駒込駅」徒歩5分、地下鉄千代田線「千駄木駅」・都営三田線「白山駅」徒歩7分
生徒数：男子767名、女子639名
TEL：03-3828-4141
URL：https://www.komagome.ed.jp/

2022年3月　おもな合格実績

東京工業大	1名	横浜市立大	2名
北海道大	2名	早稲田大	16名
東京外国語大	1名	慶應義塾大	7名
東京学芸大	1名	上智大	4名
千葉大	2名	東京理科大	24名
東京都立大	2名	国際基督教大	1名

高校に進んだら 文系、理系 あなたはどうする?

高校受験をめざし、毎日の学習に取り組んでいるみなさんは、自らの将来の方針として、また興味として、文系に進むのか理系に進むのかを考えたことがありますか。高校に進むとまもなく、みなさんはその選択を迫られることになります。もし私立高校に進むなら受験前からコース選択として文系、理系を考えねばならないかもしれません。このページでは、そんなみなさんへのヒントとして、文理選択の現状をお話しします。

文理分け、文理選択ってなに？

高校に進んだら文系、理系
あなたはどうする?

高校に進むと、「文理分け」や「文理選択」という言葉がどこからともなく聞こえてきます。文理分け、文理選択とは、自らの「これからの学び」について、文系、理系どちらにするかを決めることです。

多くの高校で、1年生の後半に選択し、2年生からは文系コース（クラス）、理系コース（クラス）に分かれ、その目的に沿った教科（科目）を、志を同じくする生徒と机を並べて勉強することになります。

この時点で、文系、理系を選択することは、進もうとする大学の入試科目や入学後に学ぶ分野につながっています。さらに、その先の就職にもつながっていきますから、ある意味で、自らの人生を左右する重大な選択だともいえるのです。

なお、高校では10年ほど前から、文理選択を考える時期が早まっています。多くで1年生の夏休み前に「文理選択調査」が行われ、夏休みには大学のオープンキャンパスに行くなどして秋まで進学先を検討、1月以降には文系・理系を決定する学校が増えています。

文理に生徒を分けて指導するシステムになったのは、明治維新にあたって、新政府が近代国家の形を作るため、急速に産業育成を図ろうとした歴史が大きいといわれています。人材を得るための教育制度を急いで作り、法律に明るい官僚と、技術に強い官僚の両方を育てようとしたわけです。

高校卒業後のことを考えてみよう！

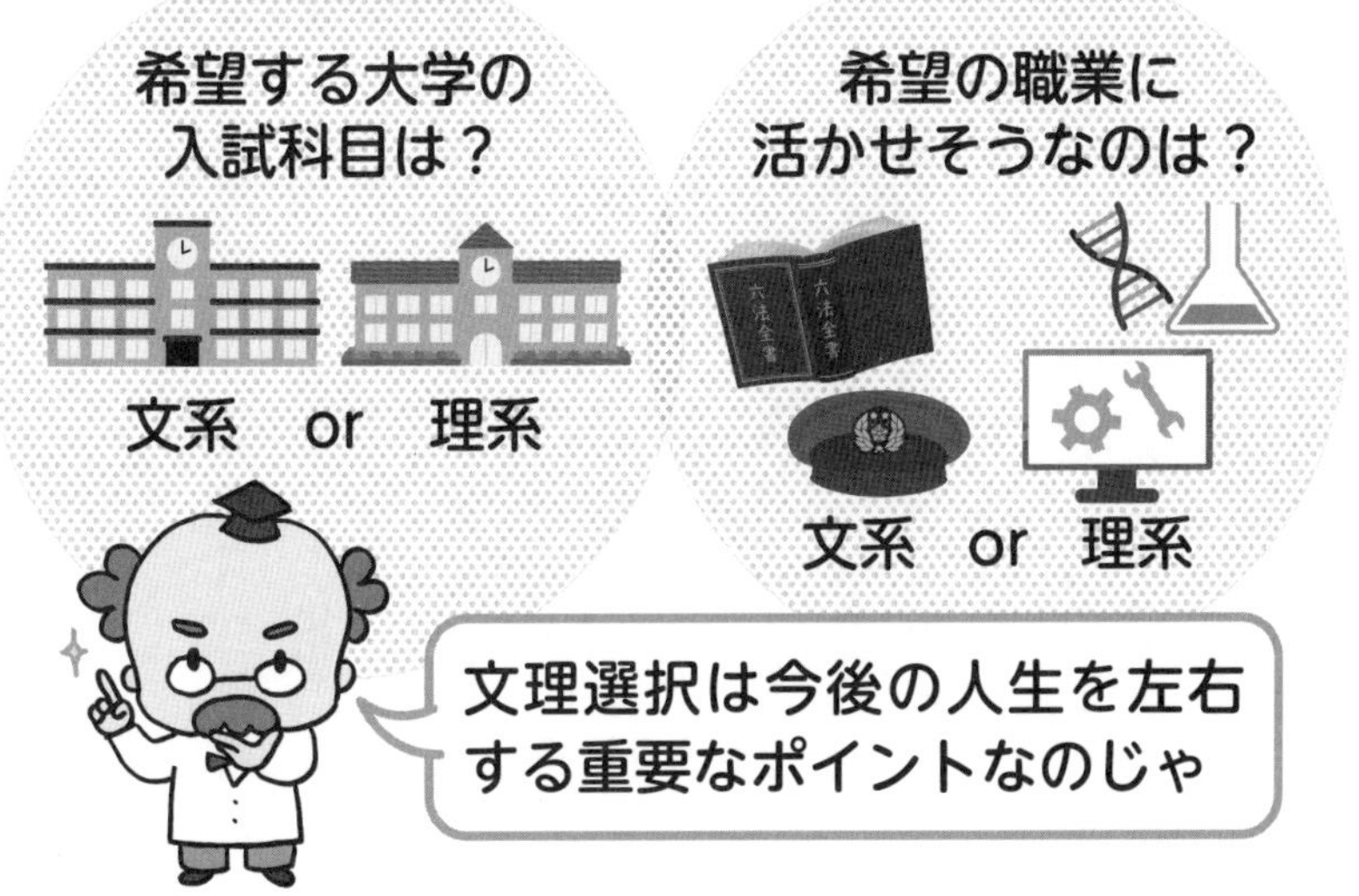
希望する大学の入試科目は？
文系 or 理系
希望の職業に活かせそうなのは？
文系 or 理系
文理選択は今後の人生を左右する重要なポイントなのじゃ

影響が大きい「大学の教育システム」

日本をはじめ、中国や韓国など東アジア各国では「文系」「理系」という言葉で分け、高校段階から文理を選択させる国が多くなっています。

英語圏やドイツ語圏、フランス語圏の国々の大学では「自然科学」と「人文・社会科学」分野に分けて勉学を進めています。ただ海外では、大学に入れば、学部が分かれてはいても、学部を横断して学ぶ仕組みがあります。

遅ればせながら日本でも文理融合の学部が作られたり、複数の学部がともに学ぶことを大切にする大学が出てきました。しかし、それは大学に進んでからの話で、大学入試では、いまだに文系、理系に分かれたシステムが取られています。

高校でもごく一部、文理融合型といって文理分けをしていない学校があるものの、高校の学習現場で文系、理系に分かれた教育システムは根強く続くものと思われます。

興味が持てる学部を探してみよう！

まずは文系、理系の学部を知ろう

では、現在中学生のみなさんはどんなことを考え、準備をしておけばよいのでしょうか。入学したら1年生で文理選択のスタートが切られるのですから、いまから仕組みを知り、心の準備もしておけば、あとから焦ってバタバタと選択せねばならないリスクは避けることができます。

まずは、大学で文系と呼ばれるのはどんな学部なのか、理系ではどんな学びがなされるのかに興味を持ちましょう。

学びたい学問がはっきりしていれば、学部のことを調べることでおのずと道がみえてきます。

文系には法学・経済学・文学・教育学などの学部が、理系なら医・薬・看護学、工学、理学、農学といった学部があります。

学部調べをしていくなかで、「おもしろそう」「これ、好き」と興味を持てる学びがクローズアップできれば、大きなきっかけになります。本気で取り組めるのかの基準は「好奇心にあり」です。

文理選択は、大学選択につながり、将来の就職にもつながっていくものです。「数学が得意」と「数学が好き」とでは違うこともあります。好きなことならずっと続けていくことができ、専門性も高まりますから重要なポイントです。

入試科目の好き嫌いだけで選ぶのは×

じつはいま、大学の入試科目をみて、苦手な数学はいらないから文系、古典が不要だから理系などと引き算の科目選択で、文理を考える傾向があることは否めません。

この考え方は、文理選択でも学部選択でもなく、入試科目選択が先にきていて本末転倒といわざるをえないものです。

例えば、前述の通り経済学部は文系に分類されていますが、経済学を学ぶには数学が必要です。早稲田大学の政治経済学部が入試で数学を必須科目にしたというニュースは記憶に新しいところです。また、理系の学問でも英語での論文は必須です。

大学入試は「一時しのぎ」をする場ではありません。一時しのぎの文理選択をしても、引き算をした科目は、あとからあなたを必ず追いかけてきます。

安易な文系選びは考えもの

高校で生徒の希望調査をすると文系選択が多くなります。同時に生徒の理数離れという事態も見逃せません。文系選択への偏りと理数離れ、どちらが先に起こったことなのかはわかりませんが、前項で述べたような数学や理科嫌いの生徒が大学の入試科目でも数学や理科を避けようとするため文系志向が多くなり、いまにいたっていることは想像に難くありません。

現在、国内の大学で学ぶ学生の69％が文

高校に進んだら文系、理系
あなたはどうする?

系です。理系の学生は31%にすぎません(本誌調べ)。この理系学生数は他国に比べると、いかにも心もとない数字なのです。

ここで、いまから文理選択に臨むみなさんにお話ししておきたいことがあります。それは安易な文系選択は、今後、自らを苦しめることになるかもしれないということです。

国[※1]は理系学生の少なさに危機感を抱き、様々な施策に打って出ています。みなさんが大学に進むころには文系、理系の学生数を半々にしようと考えているのです。全学生数は変わりませんから、文系を選択したとしても、これまでより「とても狭き門」になることは間違いがありません。

※1 関連記事58ページ

国の理系学生支援は本気だ

新型コロナウイルス感染症に対するワクチン国内開発の後れ、国内での半導体製造の弱体化、脱炭素をめざせる人材の不足、IT・AI活用人材の不足等々、国が憂《うれ》えるのも無理のない事態が起こっています。理系ノーベル賞の日本人受賞者は減ってはいませんが、他国に渡り研究を続けている方が多くなっています。

国の理系学生支援によって 高校にも変化が……

国は矢継ぎ早に「大学の理系学部新設・再編への財政支援」「大学に理系女子枠新設」「中間所得世帯の理系学生への給付型奨学金」「国[※2]際卓越研究大学の認定と大規模資金配分」などの施策を発表しています。医学部にもAI活用力を重視したカリキュラムを2024年度から組むなど、国はまさに〝本気〟です。

これらを受けて高校でも静かに改革が進んでいます。東京都では都立高校に理工系の学科を新設し、都立工業高校は「工科高校」へと名を変え大学の変化に応じたカリキュラムを模索し始めました。開校10年あまりの都立多摩科学技術高校はすでに東京大学進学者を出すなどしています。

※2 関連記事58ページ

みなさんはこの流れに取り残されることなく、安易な文理選択をいましめながら、自分が本当に好きな道を探してください。

いま、数学が「わからないから嫌い」という人は多いかもしれません。しかし「わからないことを楽しむ姿勢」も大切です。「わからない」から拒絶するのではなく、「わからない」から「なぜわからないのか」に進めば、その先の道がみえてきます。

理工系学科の新設
大学の変化に応じたカリキュラムの模索
今後の国からの支援や施策も視野に入れて文理選択をしよう!

文理分け廃す動きどこまで？ 理系女性の優遇が日本を救う!?

森上教育研究所
所長　森上展安

前のページまで、おもに文理選択の現状についてみてきましたが、ここからは、この先を生きるみなさんにとって、これからどのようなことが起きるのか、起きるべきなのかについて、森上展安さんと考えてみることにします。

大学入試科目の改善として大学で必要な科目は必須化の方向に

「高校に進んだら文系、理系あなたはどうする？」。この問題、じつは2023年1月25日になって、にわかに注目されることになりました。

この日、文部科学省（文科省）で開かれた中央教育審議会分科会で、国公私立大学が実施する入試の改善を促す指

高校に進んだら文系、理系 あなたはどうする?

針案が公表されたからです。

内容は「大学1年生の授業履修に必要な科目が、入試で課されていない点を改めることや、英語民間試験の活用が柱。一部で数学を課さない経済学部や、生物を課さない医学部などがあることが念頭にあるとみられる」（産経新聞）と報道されています。

読売新聞、同25日夕刊によれば「同省が大学入試の改善に関する指針を出すのは初めて。一部の大学では、学生確保のため、入学後の学習に必要な理系科目を課さないなど形骸《けいがい》化も指摘される。高校段階から文系、理系に偏らず幅広く学び、大学で文理の枠を超えた能力を伸ばせる大学生の拡大を狙う」とありました。

つまり、まさにこれから大学入試を考えるみなさんが注目する入試科目について、文科省から初めて改善指針が出て、しかもその狙いは文系、理系という文理の枠を取り払いたいという方向だと報道されています。ですから、これからは文理融合ともいうべき大きな改善がなされる可能性が出てきました。

ご存知のように、これまで国立大学は大学入試で5教科7科目を課してきました。他方、圧倒的に進学者が多い私立大学は、受験しやすくするために科目数を絞る傾向にありました。

読売新聞の前掲記事の続きにも、例として早稲田大学政治経済学部の入試が２０２１年から数学を課したことが取り上げられています。

この動きに続く入試改革が早稲田大学のほかの文系学部にも、あるいはほかの私立大学文系学部にも出てこない現状に、文科省が一石を投じたともいえますね。

この文科省の方針は、本誌がみなさんのお手に渡るころには発表されているかもしれません。ただ強制力はないそうで、大学入試への影響は未知数だともいえます。

女性が理系を選べない現状にメスを入れる必要がある

そもそも文系、理系とはどういうことか、これについてはタイムリーなことに1月26日付朝日新聞「オピニオンフォーラム」で東京大学の横山広美教授が的確に整理しているので少し紹介します。

書き出しからズバリ、課題は理系女性の少なさだといっています。「日本は世界的に見て理系の女性が圧倒的に少ない。自然科学、数学などを大学の学部で学ぶ女性の比率はOECD平均で52％に対し日本は27％。工学などは26％に対して16％である。なぜ少ないのか。日本の15歳女子の数学の成績は世界でもトップレベルである。しかし国内では、いまだに理工系を目指す女性は少数派で、世間から変わり者とみられ、居心地の悪さを感じる人は少なくない」。とはいえ「ひと言で理系といっても専門によって男女比率は大きく異なる。医薬系や生物系には一定数の女性が進学しているのに対して数学、物理や情報科学、機械工学や電気・電子の分野の女性は極めて少ない。産業界のニーズが高いにもかかわらず」そして「これらの分野は大学受験の際に数学や数学を基本とする物理選択が求められる。しかし女性の選択率は低い」と原因は数学のチョイスを女性がしていないことだ、と指摘されています。

文理選択は「高校で」のことではなく高校受験時にすでに迫られている

少し整理してみましょう。私たちはいま、高校に入ったら文理選択をするという環境にいます。文理選択は、多くの高校で高校入学後のコース（クラス）選びという形で、2年次に選択を求められます。ただ多くの私立高校では受験時に最初からコース別に入試がある、などということも少なくありませんから、その意味では、すでに高校受験の時点で文理選択をしなければならない現状とも考えられます。

横山教授も前記されている通り、ひと口に理系といっても様々ですし、文系であっても経済学のように数学なしではとても本来の単位取得は難しい学問もあります。

これまでは、文系、理系は数学をどこまで取得するかで、

高校に進んだら文系、理系
あなたはどうする？

受験科目ひいては大学の学部選択が定まるようになっていました。例えば新高校1年生、新高校2年生が履修している新課程では、理系は変わりませんが、文系でも旧課程のベクトルや数列に加えて、統計的な推測が追加されます。さらに数Cといわれる学習範囲も大学入学共通テスト（共通テスト）で出題されることになります。共通テストはすでに3回実施されています。

　要するに、文系といえども共通テストを受験するならば、数学は1単元分くらい、かつてより多く学習することになっています。共通テストは国立大学受験の場合は基本的に受験しますし、私立大学でも共通テスト利用入試を掲げているところがありますから、旧課程のときと比べ、数学の学習を多くする必要があります。

　そして、さらに数学分野を学ぶと理系選択ができるので、それだけでも国立大学の二次試験ではその数学の難度がかなり違い、理系学部の問題は相当厳しくなります。ですから数学をより多く、また難しい問題も解けるように学べば、文系、理系の選択も自在に選べるというわけです。

　しかし実際は、日本は世界のなかでも、高等教育でのジェンダーギャップが大きな国ですから、理系は男子、文系は女子に傾いている現状があります。

数学に強い女性を優遇することは日本の未来につながる

　少し視野を転じてみます。以下の文章を読んでみてください。少し長いですが考えを進めるうえで必要な視点だと思います。

「女性たちを周縁化（＝重要ではない場所に追いやる）したり、家のなかに閉じ込めたりすれば彼女たちの教育にブレーキをかけ、ひいてはその息子たちの教育にもブレーキをかけ、結局、父系制の親族網中に閉じこもるよう息子たちを仕向けることになる。

　こうして男たちもまた本物の個人であることをやめてしまう。彼らは男性集団として父系制社会を支配するけれども、しかしその社会のなかでしばしば個人としては子ども状態にとどまる。この事情により父系制の世界では頻繁に次のような逆説的事態が発生する。

　すなわち男が公式の場を支配するが、自分の家のなかでは妻から子どものようにみなされているという事態である。このような形で成立する社会は無限に創造的であることができない」

　以上はエマニュエル・トッド『我々はどこから来て、今どこにいるのか？』（文藝春秋社刊）の最終章に書かれている言葉です。

　ここで父系制という分類についていえば日本もあてはまります。私たちの日本のあり方として説明されていることになりますが、これがそのままであれば、あまりいい未来は望めそうもありません。つまりジェンダーギャップのない社会のあり方を広げる方向で、具体的には女性も数学をより広く深く学べるようになることで、男性にとっても、それは学びやすくなるという意味で恩恵を得ることにつながります。

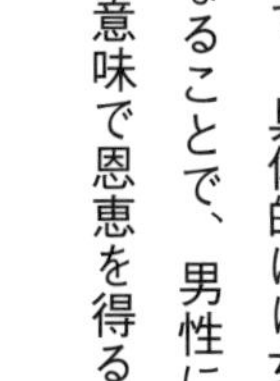

森上教育研究所
1988年、森上展安氏によって設立。受験と教育に関する調査、コンサルティング分野を開拓。私学向けの月刊誌のほか、森上を著者に教育関連図書を数多く刊行。高校進路研究会は、幅広い高校進学ニーズを抱える中学生、保護者に向け、おもにWebを通じて様々な角度から情報を提供。

受験生のための

明日へのトビラ

春４月、新学期が始まりました。読者のみなさんも気持ちを新たに本誌を開いていただいていることと思います。このページは受験生と保護者のみなさんに向けて、大切な入試情報をお伝えしていくページです。入試はときにシステムに限らず、その狙いまでも変化を見せます。そんな変化を見逃さず、可能な限り迅速にお知らせしていきます。

NEWS

東京　立川市に開館され期待を集める2つ目の体験型英語学習施設

東京都は１月16日、立川市に体験型の英語学習施設「東京グローバルゲートウェイ・グリーンスプリングス」を開館し、同施設でオープニングセレモニーを実施した。今後は英語教育をリードする多摩地区の拠点となる。

都内には東京・青海にすでに同様の体験型英語学習施設「東京グローバルゲートウェイ・ブルーオーシャン」があり、連日予約が埋まる盛況ぶり。

両施設とも「環境」「プログラム」「イングリッシュスピーカー」、３つの面からの特長を持ち、日本にいながら海外の雰囲気と未来を感じさせる空間のなかで、英語を体験し学ぶことができる。

２種類のプログラムが用意されており、１つは海外旅行を疑似体験しながら「シーン別の英会話体験」を得ることができる８つの部屋（40名定員）。飛行機内のセットやホテルのカウンター、レストランやクリニックなどが再現され、最新のデジタル映像技術とリアルに作り込まれた造形を組みあわせ、日常を離れて遠い外国にいるかのような雰囲気が演出されており、最大320名が同時間帯に体験できる。もう１つは、グループワークで「英語で学ぶ」仕組み。世界各地の地域や環境などをテーマに、英語でプレゼンテーションやディスカッションを楽しむことができる。

千葉　来年度の高校入試日程が発表に 学力検査は2024年2月20､21日

千葉県教育委員会では、４月から中学３年生となる生徒が受験する千葉県立高校（全日制）の入試日程をすでに発表している。以下は一般入試等の日程。

◆本検査

［出願期間］
2024年２月６日（火）、７日（水）、８日（木）

［志願変更期間］
２月14日（水）、15日（木）

［学力検査］
２月20日（火）、21日（水）

◆追検査

［追検査受付］
２月26日（月）、27日（火）

［追検査］
２月29日（木）

［合格発表］
３月４日（月）

※**［追検査対象］**本検査の検査日当日にインフルエンザ罹患《りかん》等の理由により本検査を受けられなかった者。

【本誌・注】発表時点では「県立高校」の情報となっていますが、例年追随して、県内各市立高校も同日程での実施を発表し、「千葉県公立高校入試日程」として統一されます。

東京　中学3年生向け初のスピーキングテスト 都立高の英語入試での活用がスタート

2月21、22日の両日に実施された東京都立高校の入試（学力検査）で活用されることになった英語のスピーキングテストの実施状況が、2月2日公表された。

都立高校入試で、英語の「話す力」を測ろうという中学校英語スピーキングテストは2022年11月27日、都内197会場と、予備日の12月18日、同13会場で初実施された。

スピーキングテストの実施方法は、都の公立中学校の3年生を前後半2つのグループに分け、それぞれの解答音声を15分程度で、机上のタブレットに録音する形で行われた。

音声データは教育サービスの大手企業を通じて、フィリピンに送られ、現地の英語の指導資格を持つ講師が採点するという流れ。

テストは採点結果に応じて6段階で評価。100点から80点までがA、79点から65点までがB、64点から50点までがC、49点から35点までがD、34点から1点までがE、0点はFとなる。

今回の結果、Aの割合は全体の16.8%、Bは25.6%、Cは最も多い31.4%、Dは16.9%、Eは8.3%、Fは0.9%。平均点は100点満点中60.5点だった。この平均点は前年度のプレテストの53.7点より6.8点高かった。

同テストは予備日も含め、都の中学3年生7万1197人が受験し、大きなトラブルはなかったという。それでも、さらに2024年度以降、「音声などに配慮し、生徒がより集中した環境で受験できるように検討する」とし、試験会場の配置や収容人数などを改善するとした。

生徒たちは1月12日から採点結果とそれに応じた評価を専用のサイトで確認できるようになったが、都は、結果の検証に役立ててもらおうと今後、希望者に対し、解答データを開示する方向で調整を進めており、都立高校入試の合否の結果が出たあとの3月中旬から開示の受けつけが始まるという。

東京　新年度からは同スピーキングテストを 公立中学1、2年生でも導入へ

都教委は、上記した英語のスピーキングテストについて、2024年度から、その対象を都の公立中学1、2年生にも広げる方針を固めた。新年度の当初予算案に関連経費約35億円を盛り込む。

英語を使いこなして世界で活躍できる人材を育てるためには、継続的に「話す」能力を培う必要があるとの判断からだという。

1、2年生が受けるテストは学習の到達度を確認することを目的とし、高校入試の合否には用いないという。学年末に合わせて、各中学校で行う方向で調整する。

合わせて新年度に「英語力の東京」を掲げ、英語教育関連の予算を今年度の69億円から倍増させる考えだ。小学校では外国語指導助手（ALT）の活用を拡充し、高校では都立高生約200人を海外に派遣する事業などを展開する。

あの学校の魅力伝えます
スクペディア No. 96

共立《きょうりつ》女子《じょし》第二《だいに》高等学校

東京都　八王子市　女子校

所在地：東京都八王子市元八王子町1-710　生徒数：女子のみ500名　TEL：042-661-9952　URL：https://www.kyoritsu-wu.ac.jp/nichukou/
アクセス：JR中央線・横浜線・八高線「八王子駅」、JR中央線・京王線「高尾駅」ほかスクールバス

いつの日か花咲く未来をめざして

八王子の丘陵《きゅうりょう》地に東京ドーム5個分の広々としたキャンパスをかまえる共立女子第二高等学校（以下、共立女子第二）。「女性の社会的自立」を教育目標に、セルフリーダーシップを身につけ、広く社会に貢献できる自立した女性の育成をめざしています。校訓は「誠実・勤勉・友愛」。現役進学率は毎年95％以上。卒業生は外部大学と併設大学に約半数ずつ進学しています。緑豊かな自然環境と充実した設備のもとで、生徒の可能性の種を育む学校です。

生徒を成長させる様々な体験学習

共立女子第二では、社会で活躍する女性の育成を見据え、体験を重視した教育に力を入れています。

その内容は多種多様で、全校で取り組む白亜祭（文化祭）や体育大会などの数多くの学校行事に加え、緑に囲まれた環境を活用し野外観察や天文教室を行う理科教育、礼儀作法を身につける「マナー講座」、茶道・華道・装道を体験できる行事「和躾《なごみ》の日」、独自の「針路プログラム」に基づき女性のキャリアを考える女子校ならではの「キャリア講演会」など、学校生活の随所で生徒の人間力を育む体験を用意しています。

希望進路の実現をめざすコース制も魅力です。高1では、個人の希望と入学時の成績により「特別進学コース」「総合進学コース」「英語コース」に分かれます。

特別進学コースは、難関大学進学をめざし発展的な内容の授業を実施。長期休暇中のゼミのほか、自分の好きな時間に学べるオンラインコンテンツを導入しています。総合進学コースは、生徒個人にきめ細やかに対応した指導を実施。数学・英語で少人数授業を行うなど、丁寧な指導で生徒を伸ばします。この2つのコースでは、高2以降、個々の進路に応じてさらに細かくコース分けを行い、親身な指導のもとで進路対策に臨みます。

英語コースはCEFR《※セファール》 B2レベル（英検準1級程度）の英語力の習得をめざす、英語に特化したカリキュラムのコースです。3年間クラス替えは行わず、全員がニュージーランドへのターム留学を経験できる点も特徴です。

共立女子第二は、恵まれた教育環境と充実したカリキュラムにより、1人ひとりがその種を芽吹かせ、花を咲かせる未来をめざす学校です。

※Common European Framework of Reference for Languages（ヨーロッパ言語共通参照枠）の略。外国語運用能力における６段階評価の国際基準。

あの学校の魅力伝えます
スクペディア No. 97

専修《せんしゅう》大学《だいがく》松戸《まつど》高等学校

千葉県　松戸市　共学校

所在地：千葉県松戸市上本郷２-3621　生徒数：男子801名、女子501名　TEL：047-362-9101　URL：https://www.senshu-u-matsudo.ed.jp/
アクセス：JR常磐線・地下鉄千代田線「北松戸駅」徒歩10分、新京成線「松戸新田駅」徒歩15分

社会に貢献できる真のリーダーを育てる

１９５９年、専修大学の付属校として創立された専修大学松戸高等学校（以下、専大松戸）。「報恩奉仕」「質実剛健」「誠実力行」という建学の精神に基づいて、国際感覚を身につけた、人間性豊かなリーダーの育成をめざしています。

専大松戸は独自の「類型制システム」で、目標別に指導を行います。

「E類型」は高1から質を高いレベルに維持しつつ授業の進度を速め、高3から大学入試対策に取り組むなど、難関国公立大学への進学を見据えて3年間で着実に力を伸ばしていけるカリキュラムを設けています。

「A類型」は高2の文理選択後、高3でさらに専修大学、国公立大学（文系・理系）、私立大学（文系・理系）向けのクラスを編成し、専修大学への付属校推薦や指定校推薦も含め、様々な受験形態に対応します。

「S類型」は全国大会出場を目標に掲げて部活動に注力しながら、現役での大学進学（スポーツ推薦など）も同時にめざせる類型です。

放課後や長期休暇には全コース対象の希望制講座を開講し、さらなる学力向上を支えます。加えて、E類型には必修講座（高1・高2対象）も用意。早期から大学受験を意識して、基礎学力や応用力を養えます。

充実した学習環境で英語教育を推進する

専大松戸は英語教育にも力を注いでいます。英語の授業では週1回、ネイティブスピーカーの教員と日本人教員によるチームティーチングの授業で生きた英語力を涵養します。

休み時間や放課後にも、ネイティブスピーカーの教員と英語で交流する生徒の姿が多く見られます。なかでも特徴的なのが、昼食を取りながら楽しく英会話を学べる「ランチタイムアクティビティ」です。さらに、姉妹校との交流や国内外のグローバル研修プログラムも用意し、英語運用能力を高めます。

奉仕活動も盛んな専大松戸。高1では、地域清掃やこども食堂・高齢者施設訪問などの様々なボランティア活動に個人単位で取り組むほか、生徒会に「小さな親切運動推進委員会」が設置されており、生徒主体で「小さな親切運動」を企画・立案・実行しています。

こうした多彩な経験をすることによって、生徒たちは深い人間性と豊かな知性を身につけ、世界で活躍するリーダーへと育っていきます。

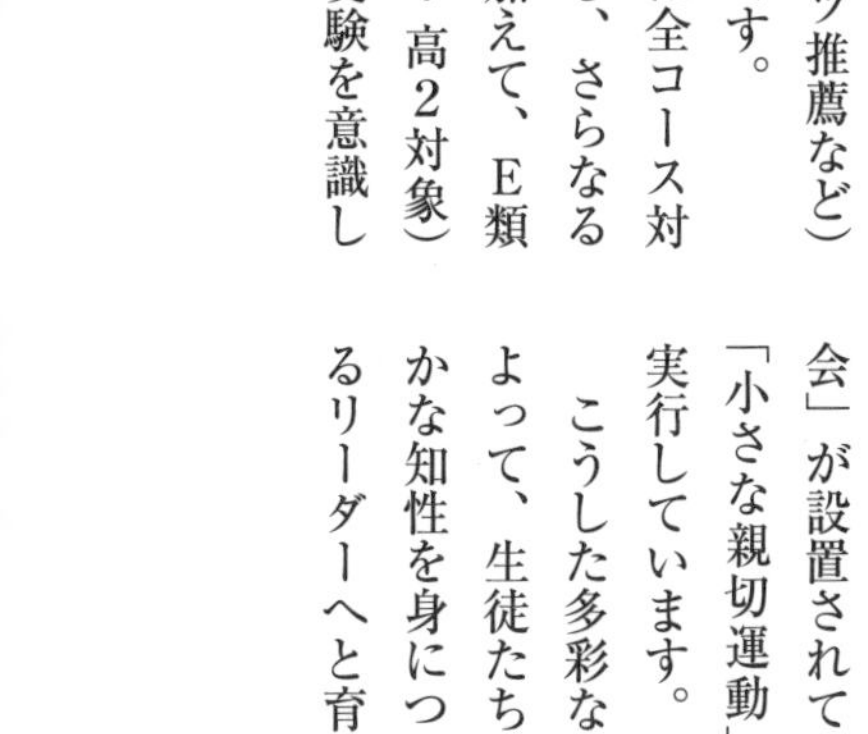

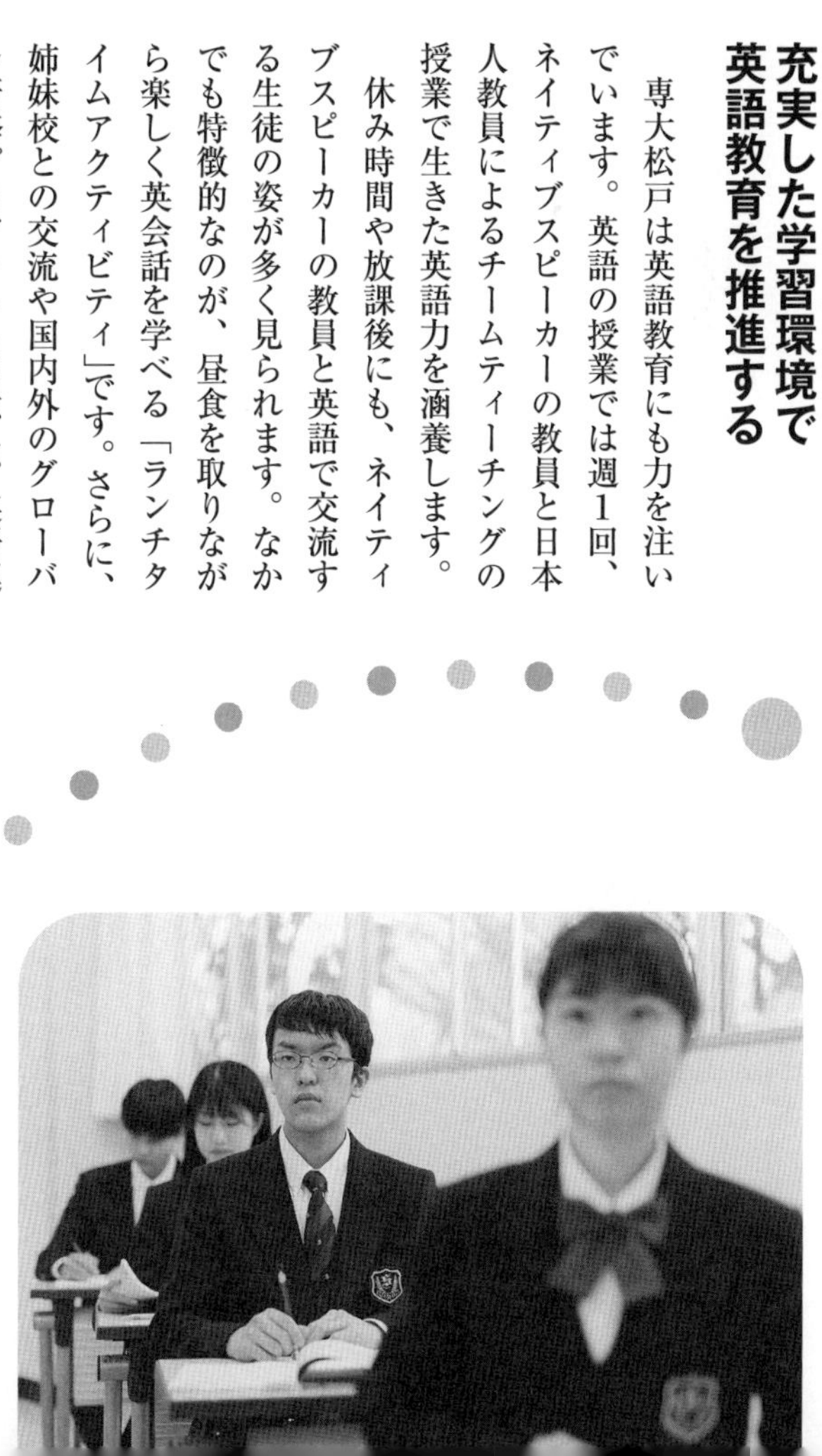

あの学校の魅力伝えます

スクペディア No. 98

獨協埼玉《どっきょうさいたま》高等学校

埼玉県　越谷市　共学校

所在地：埼玉県越谷市恩間新田寺前316　生徒数：男子514名、女子463名　TEL：048-977-5441　URL：https://www.dokkyo-saitama.ed.jp/
アクセス：東武スカイツリーライン「せんげん台駅」バス

夢に向かって自分のための一歩を踏み出す

獨協埼玉高等学校（以下、獨協埼玉）が掲げる教育理念は「自ら考え判断することのできる若者を育てる」。生徒1人ひとりにじっくりと向きあい、個々の可能性を引き出すことで、思考力や判断力、行動力を兼ね備えた「全人格的にバランスのとれた、社会をリードしていく若者」を育成します。

進路指導の面でも、生徒が自らの意志で将来の道を決定することを重視。対話を重ねながら、興味・関心・適性をふまえて目標に応じたアドバイスを送り、それぞれが最適な選択をできるようサポートします。

様々な進路に対応するため、高1の間は共通カリキュラムで基礎学力をしっかり定着させ、高2から文理別のコースに分かれます。さらに高3では、国公立大学や難関私立大学進学を目標にする「文系Ⅰ」「理系Ⅰ」、G-MARCHなどの私立大学をめざす「文系Ⅱ」「理系Ⅱ」、獨協大学への推薦資格が得られる「獨協コース」の5つで学習を進めます。

言語理解を土台に海外への視野を広げる

母体である獨協学園は、ドイツ語教育に深い歴史を持っています。獨協埼玉もその伝統を受け継いでおり、自由選択科目のなかで第2外国語としてドイツ語を勉強できます。授業は専任の教員が担当し、各自が所属するコースにかかわらず、すべての生徒が選択できます。継続した学習を3年間続けることによって、大学レベルのスピーチコンテストに出場できるほどの実力を身につける生徒もいます。

英語学習でも、ネイティブスピーカーの教員による少人数制の授業で、「実践的な英語」の習得をあと押しします。希望者には、アメリカへの3週間の語学研修（高2対象）や、オーストラリアとドイツの姉妹校を隔年で訪問する「姉妹校交流」（高1・高2対象）などのプログラムが用意されており、各言語のスキルを試す機会も豊富です。

学習環境の充実も、獨協埼玉の大きな魅力の1つ。東京ドーム約2個分の広大な敷地には、300mの陸上トラックや7面のテニスコート、約6万冊を収蔵する図書館など、多様な学びを支える数々の施設がそろいます。

ゆったりとした居心地のよい空間のなかで、自分の力を目一杯に伸ばしていける毎日が待っています。

あの学校の魅力伝えます
スクペディア No. 99

八雲学園高等学校《やくもがくえん》

東京都　目黒区　共学校

所在地：東京都目黒区八雲2-14-1　生徒数：男子163名、女子235名　TEL：03-3717-1196　URL：https://www.yakumo.ac.jp/
アクセス：東急東横線「都立大学駅」徒歩7分

留学や海外研修を通じて国際感覚を涵養

1938年の開校以来、「次世代のグローバルリーダーの育成」を目標に、様々な教育プログラムを提供している八雲学園高等学校（以下、八雲学園）。グローバルリーダーを「高い英語力を持ち、他国の文化を理解し、多角的にものごとを捉えることができる人物」と定義づけており、生徒は授業で学力を高めるとともに、海外研修プログラムやラウンドスクエア加盟校・姉妹校との交流を通して、幅広い視野を持ったグローバル人材へと成長します。

独自の教育プログラムで英語力向上と異文化理解を促す

八雲学園はアメリカ・カリフォルニア州に研修施設「八雲レジデンス」を所有し、独自の語学研修プログラムを行っています。高1希望者対象の「9カ月プログラム」は、3カ月間のアメリカ留学を中心に、事前・事後学習をそれぞれ3カ月間実施。留学中は、カリフォルニア大学サンタバーバラ校にて270時間におよぶ特別授業を受講し、徹底的に英語力を磨きます。このほか、高1・高2希望者対象のアメリカ海外研修では、姉妹校であるケイトスクールで寮生活をしながら英語学習やアクティビティーに取り組みます。

ラウンドスクエアは、世界50カ国約200校が加盟している国際的な私立学校連盟で、八雲学園は日本で2番目に加盟しました。各国の加盟校と交流会を行ったり、留学生を迎え入れたりしており、生徒は自分と異なる文化を持つ同世代と交流して、世界への視野を広げています。

また教科教育においては、高1では共通カリキュラムのもと授業が進められ、高2になると文系・理系に分かれた学習が始まります。とくに英語教育では、独自のeラーニングシステム「YES」などを活用し、生徒は卒業までに※CEFR《セファール》 C1レベル（英検1級程度）に到達することを目標として、学習に取り組みます。

キャリアサポートにも手厚い八雲学園。大学出張体験授業や大学個別ガイダンスを実施するほか、高校の成績・英語力を基準に、海外協定大学の推薦入試を受けることができる制度（UPAA）も導入しています。国内大学との併願も可能なので、幅広い進路実現をめざせます。

英語力を磨きながら、他者を知り、世界とのかかわり方を考えることができる八雲学園。学力も精神も大きく成長できるでしょう。

※Common European Framework of Reference for Languages（ヨーロッパ言語共通参照枠）の略。外国語運用能力における6段階評価の国際基準。

お役立ちアドバイス！

受験生への
アドバイス

ほかのことに気が散ることなく集中して家庭学習に取り組むにはどうしたらいいのかと悩んでいる受験生へ

勉強する場所や周りの環境を見直して短時間の勉強から徐々に集中力を高めていきましょう。

Advice

家庭学習において集中して勉強に取り組むためには、勉強する場所の周囲に気が散るものを置かないようにすることが肝心です。スマートフォンや趣味に関するものが目に入ると、どうしてもそれらが気になって集中できなくなりますので、学習環境を整えてから勉強を始めましょう。

個人差はありますが、家のなかで勉強する場所を変えてみるという方法もあります。自分の部屋の机よりも、家族が集まるダイニングテーブルの方が集中できるという受験生も少なからずいます。一度、家のなかで自分に合った勉強場所を探してみるのもいいかもしれませんね。

また、短時間ならば集中して勉強することができるのではないでしょうか。１～２時間というまとまった単位ではなく、まず５～10分程度の短い時間でトライしてみてください。その際は簡単な計算問題や漢字の練習、英単語の暗記など手軽にできるものから始めるのがいいと思います。

そうした短い時間の集中を繰り返すことで、徐々にある程度まとまった時間、集中力を維持できるようになります。集中力を身につけることは高校受験だけでなく、大学や社会に出てからもとても大切になってきますので、諦めないで根気よく集中力を高めていきましょう。

知って得する

保護者へのアドバイス

第1志望の公立高校が合格圏内にある場合、私立高校の受験はどうすればいいのかと考えている保護者の方へ

入試直前の体調不良など、万が一のときに備えて合格の可能性が高い私立高校を受験しておくと安心です。

Advice

第１志望の公立高校が合格圏内に入っているのは受験生本人だけでなく、保護者の方にとっても嬉しいことですね。しかし、最後まで注意が必要です。入試当日の突然の体調不良や極度の緊張など、なんらかの事情で本来の実力を発揮できなかった場合、残念ながら第１志望に進学できなくなることもあるかもしれません。そのような万が一に備えて、確実に合格できそうな私立高校を選択し、併願優遇入試を受験しておきましょう。

首都圏の私立高校入試では、地域によって少し異なりますが、多くの私立高校が、合格の可能性を高くする代わりに、第１志望の公立高校が不合格だった場合は、その私立高校へ進学することを条件とする併願優遇入試を実施しています。私立高校の合格を得てから第１志望の公立高校入試を迎えることができるので、気持ちに少し余裕を持って第１志望の受験に臨むことができます。

また公立高校だけでなく、他の私立高校との併願優遇を認めている学校もあり、試験日が重ならなければ第１志望の公立高校と同程度のレベルの私立高校をもう１つの併願校として、２校受験することも可能です。いずれにしても塾や中学校の先生とよく相談して、経済的な面なども含めて、ご家庭の希望に沿った併願校を選んでいただければと思います。

朋《ほう》優《ゆう》学《がく》院《いん》高等学校

東京　共学校

問題

図１のように円周の長さが30cmの円があり，その周上に点Ａがある．点Ｐと点ＱはＡを同時に出発して，円周上を矢印の方向にそれぞれ毎秒１cm，２cmの速さで移動する．図２は２点が出発してからx秒後における弧PQのうち短い方の長さを$y$cmとしたときのxとyの関係をグラフに表したものである．次の各問いに答えよ．

図１

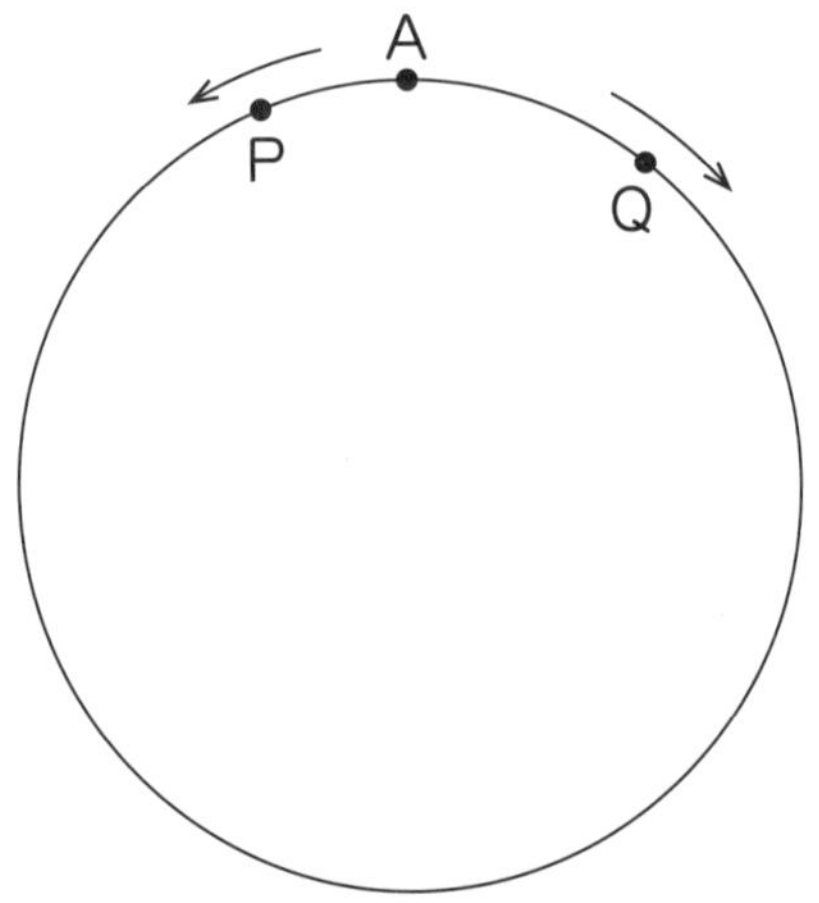

図２

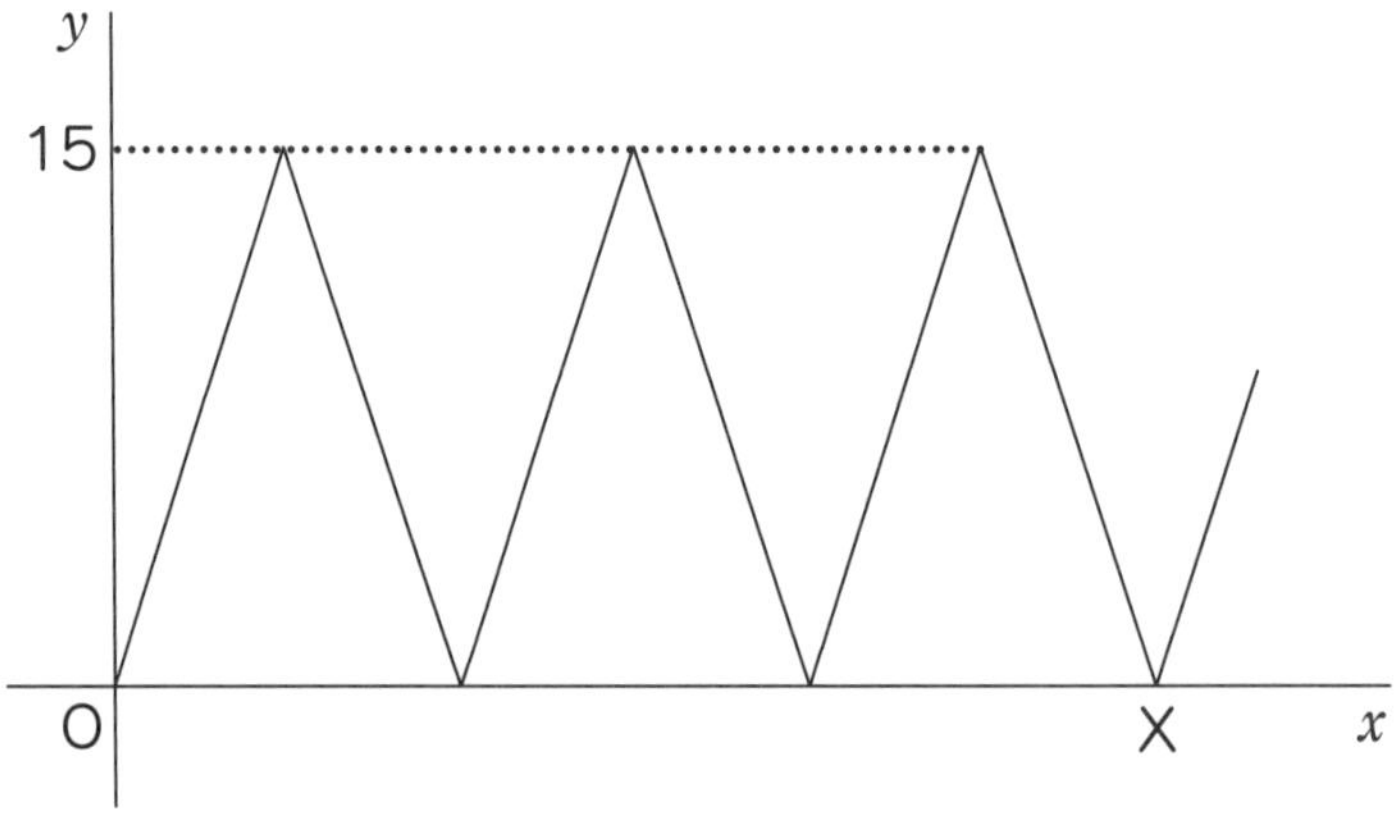

（１）図２のXの値を求めよ．

（２）△APQが４回目に直角三角形になるのは，３回目に直角三角形になってから何秒後か求めよ．

解答　（１）X=30　（２）$\frac{5}{2}$秒後

●東京都品川区西大井６-１-23
●03-3784-2131
●都営浅草線「馬込駅」徒歩８分、都営浅草線ほか「中延駅」・東急大井町線「荏原町駅」徒歩９分、JR横須賀線ほか「西大井駅」徒歩10分
●https://www.ho-yu.ed.jp/

【オープンスクール（学校見学会）】要予約
７月29日（土）　８月26日（土）
９月９日（土）　10月28日（土）
11月25日（土）

文《ぶん》化《か》学《がく》園《えん》大《だい》学《がく》杉《すぎ》並《なみ》高等学校

東京　共学校

問題

下の図のような１辺の長さが２cmの正方形を底面とする

正四面錐O-ABCDがあり，その中に球が内接している。

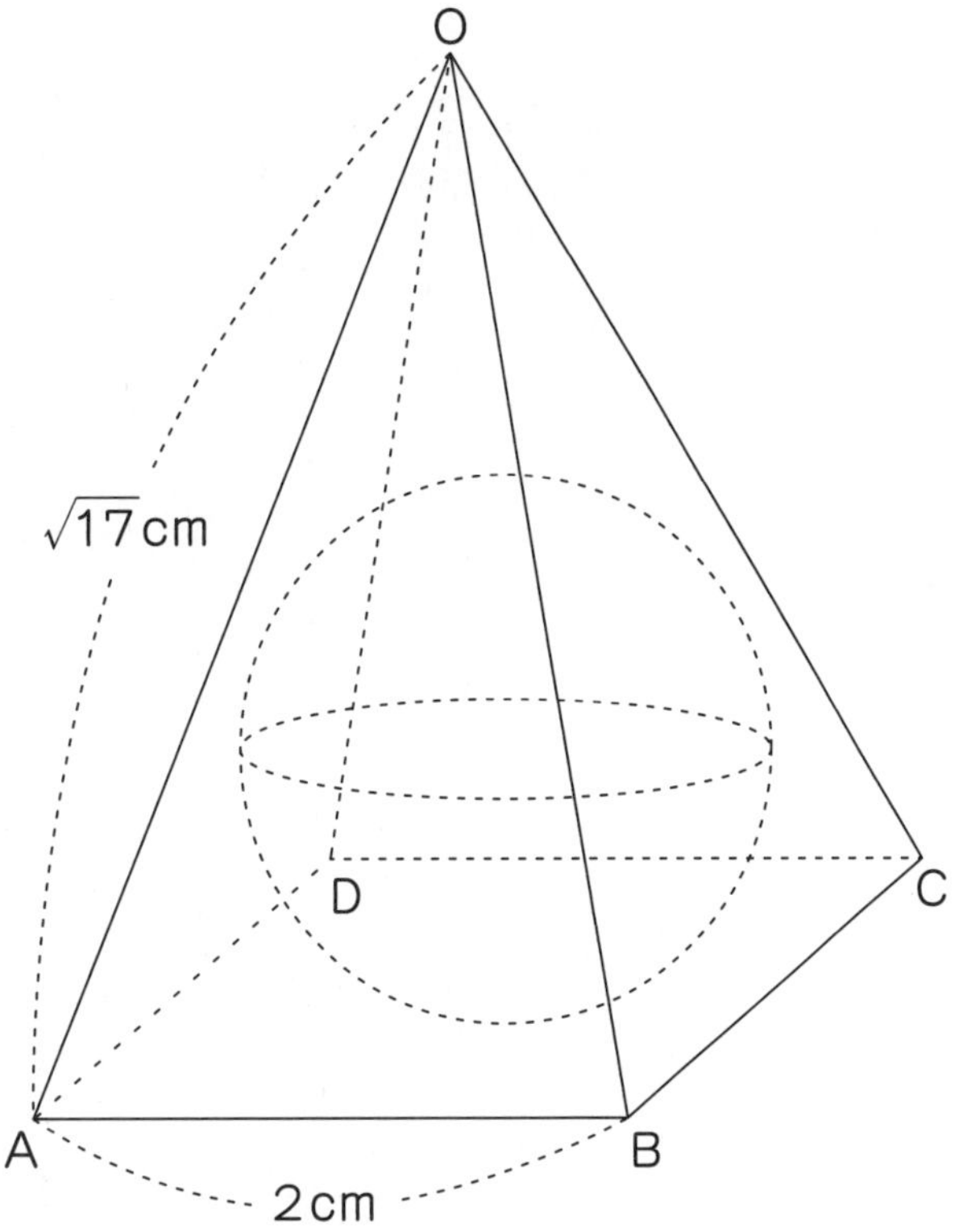

（１）正四面錐O-ABCDの体積を求めなさい。

（２）球の半径を求めなさい。

解答　（１）$\frac{4\sqrt{15}}{3}$ cm³　（２）$\frac{\sqrt{15}}{5}$ cm

●東京都杉並区阿佐谷南３-48-16
●03-3392-6636
●JR中央線「阿佐ケ谷駅」、JR中央線・地下鉄丸ノ内線「荻窪駅」、地下鉄丸ノ内線「南阿佐ケ谷駅」徒歩10分
●https://bunsugi.jp/

〈PR〉

校内予備校
「プロジェクト叡智《えいち》」

麗澤《れいたく》高等学校［共学校］

「恩に報いることのできる人間」を育成するという創立者の思いが脈々と受け継がれている麗澤高等学校。高2からは、生徒の夢を実現させるための特別進学指導体制も始まります。

［2023年オープンキャンパス］
第1回　3月21日（火・祝）13:30～16:30
対象：中学2年生（新中学3年生）・保護者
内容：授業体験、学校紹介、施設見学など。
現役の高校生がご案内します。
※参加希望のかたは学校HPよりご予約ください。
第2回オープンキャンパスは8月に開催予定です。

School Information
Address：千葉県柏市光ヶ丘2-1-1
T E L：04-7173-3700
U R L：https://www.hs.reitaku.jp/
Access：JR常磐線「南柏」バス5分

充実した校内課外講座で学力も教養も高める

麗澤高等学校（以下、麗澤）は、生徒の主体性を大事にしつつ、一人ひとりの可能性を最大限に伸ばすための独自の取り組みを行っています。その1つが、麗澤校内で開講される各種「プロジェクト叡智」講座です。

「プロジェクト叡智」は、高3・3月の国立大学2次試験当日まで開講される校内予備校です。高1段階からイベントや特別講座、高2では英語スタートアップ講座も実施しつつ、受験体制を本格始動。計画的、戦略的スケジュールで進められます。国公立大・私立大の文系理系すべてのコースに対応するカリキュラムが年間を通して設定されており、生徒は各々の進路目標にあった講座を効率よく選択することが可能です。

プロジェクト叡智

放課後に校内で実施しているため、生徒の移動時間も短縮され、夜8時まで講座があるので、部活動後に校内に完備された食堂で夕食をとってから、講座を受講する生徒も少なくありません。この講座の特徴は、生徒一人ひとりの学習状況に合わせたきめ細かな個別対応です。麗澤が厳選した外部講師と麗澤教員約25名がチームを作り、入試直前まで個別も含め対応していきます。

麗澤出身のチューター（現役大学生）も20名ほどいて、通常カリキュラムとは別に、英単語特訓や数学演習など、チューターそれぞれの経験を活かしたイベントを自主的に開講し、受験に向かう後輩受験生たちのモチベーションを高めています。

また、クラスごとのオリジナル授業動画を作成・配信するなど、ICTもうまく活用しています。

高1から始まる キャリア・進路支援プログラム

麗澤は3年間を通してコース制を導入しています。高1は、高入生のみで編成する「叡智スーパー特進コース」と「叡智特選コース」、高2・高3は、一貫生と混成の「叡智TK（国立強化）コース」、「叡智SK（私立国公立強化）コース」の2コースに分かれます。

また、「自分《ゆめ》プロジェクト」という3年間を通じたキャリア・進学支援プログラムも整備されています。高1は、1年間で高2からのコース選択や科目選択を決めなければならないため、特に初期指導には力を入れています。「自分再発見」をテーマに、OB・OGによる職業別講演会への参加や職業研究などで学びへのモチベーションを高め、そして、三者面談や担任との面談を重ねて、自分の進むべき進路を見つけていきます。

職業別講演会

建学の精神を脈々と受け継ぎ、心の力を育みながら、日本人として国際社会に貢献できる、次世代のリーダーを育成している麗澤高等学校です。

生徒の選択肢を広げる 新たな取り組み

岩倉《いわくら》高等学校［共学校］

School Information

所在地　東京都台東区上野7-8-8
TEL　03-3841-3009
URL　https://www.tky-iwakura-h.ed.jp/
アクセス　JR山手線ほか「上野駅」徒歩すぐ、地下鉄銀座線ほか「上野駅」徒歩3分、京成線「京成上野駅」徒歩6分

岩倉高等学校の普通科では、従来のコース制が廃止され、「7限制」「6限制」に大別される新たな教育体制がスタートしました。

普通科で始まった「7限制」「6限制」

多彩な進路をめざせる普通科と、鉄道業務全般について学べる運輸科の2つに分かれる岩倉高等学校（以下、岩倉）。今回は普通科について紹介します。

普通科は今年度から教育体制を一新。生徒は7限授業が週3回あり、じっくりと学力を高められる「7限制」と、授業は6限までで、部活動をはじめとした課外活動への参加を促す「6限制」のいずれかを入学時に選択できるようになりました。そして高2に進級する際にも「7限制」「6限制」を改めて選び、「7限制」の生徒は幅広い科目でハイレベルな問題に対応できる力を育てる「国公立・最難関私大クラス」と応用力を養う「私大クラス」に、「6限制」の生徒は基礎学力の定着を重視する「私大クラス」と部活動と勉強の両立をめざす「6特クラス」に細分化され、さらにクラスのなかで文理選択を行います。

タブレットを活用した「SDGsプログラム」の授業

「7限制」「6限制」について、募集広報部部長の杉浦裕也先生は以下のように話されます。

「高2以降はクラスが細分化されますが、どのクラスを選んでもめざせる進路の幅に差がないよう指導しています。例えば、6限制の『私大クラス』『6特クラス』の生徒が、公募推薦などを利用して国公立大学をめざすことも可能です。これまでのようにコースに合わせて進路を考えるのではなく、生徒自身が決めた目標に沿ってクラスを選択し、希望の進路を実現してほしいと願っています。そのために、私たち教員は全力でサポートをしていきます」

さらに、岩倉では今年度から奨学生制度も新しくなりました。従来の成績奨学生に加えて、中学校との「入試相談」を経て合格した、優秀な生徒を「学業特待生」として支援します。奨学生制度は入学金とは別に施設設備相当額に加え35万円が支給されるSから、入学金が半額免除となるDの5つがあり、普通科のほか運輸科の生徒も、同じ基準を満たせば対象となります。

「奨学生制度も改めることで、優秀な生徒を幅広く支援することにしました。学業特待生は推薦入試・一般入試どちらでも対象となりますので、ぜひ活用してほしいです」（杉浦先生）

生徒1人ひとりの主体性を尊重し、希望に沿った進路をめざせるよう指導する岩倉。新たな教育体制のなかで生徒たちは限られた3年間を大切にしながら、将来についてじっくりと考えていけることでしょう。

ホームページにて、学校の最新情報を随時更新し、お知らせしております。QRコードよりご確認ください。

新しい自分に出逢える学校

国学院高等学校《こくがくいん》

国学院大学の歴史と伝統を受け継いだ真面目で穏やかな校風を持つ国学院高等学校。
勉強、クラブ活動、学校行事に全力で取り組める全方向性を持った学校です。

大規模校だからこそ必要な「親身の指導」

１９４８年の開校以来、併設中学校のない高校単独校として、バランスのとれた全人教育に取り組む国学院高等学校（以下、国学院）。学校周辺の明治神宮外苑エリアでは、スポーツや文化施設など、東京の新しい魅力を発信するための再開発が進んでいます。

国学院は、1学年約６００名の生徒が在籍する都内でも有数の大規模校で、青山という立地のよさもあり、毎年多くの受験生を集める人気校です。高校入学時には、特進コースや選抜コースといったコース区分がないため、新入生全員が横にフラットな状態で高校生活をスタートすることができるのも、国学院の魅力の１つになっています。

「本校は生徒数が多いので、『親身の指導』をとても大切にしています。各教員が積極的に生徒とコミュニケーションを取ることが伝統となっていて、なかでも、年3回実施する面談週間では、各担任が生徒一人ひとりに寄り添い、時間をかけて様々な話をします。

また、本校はなにかに偏ることのない全方向性を持った学校なので、高校3年間で色々なことにチャレンジできます。学力だけではなく、社会で必要とされる力を身につけることができ、自分の新たな可能性をきっと見つけることができるはずです」と話されるのは入試広報部部長の谷崎美穂先生です。

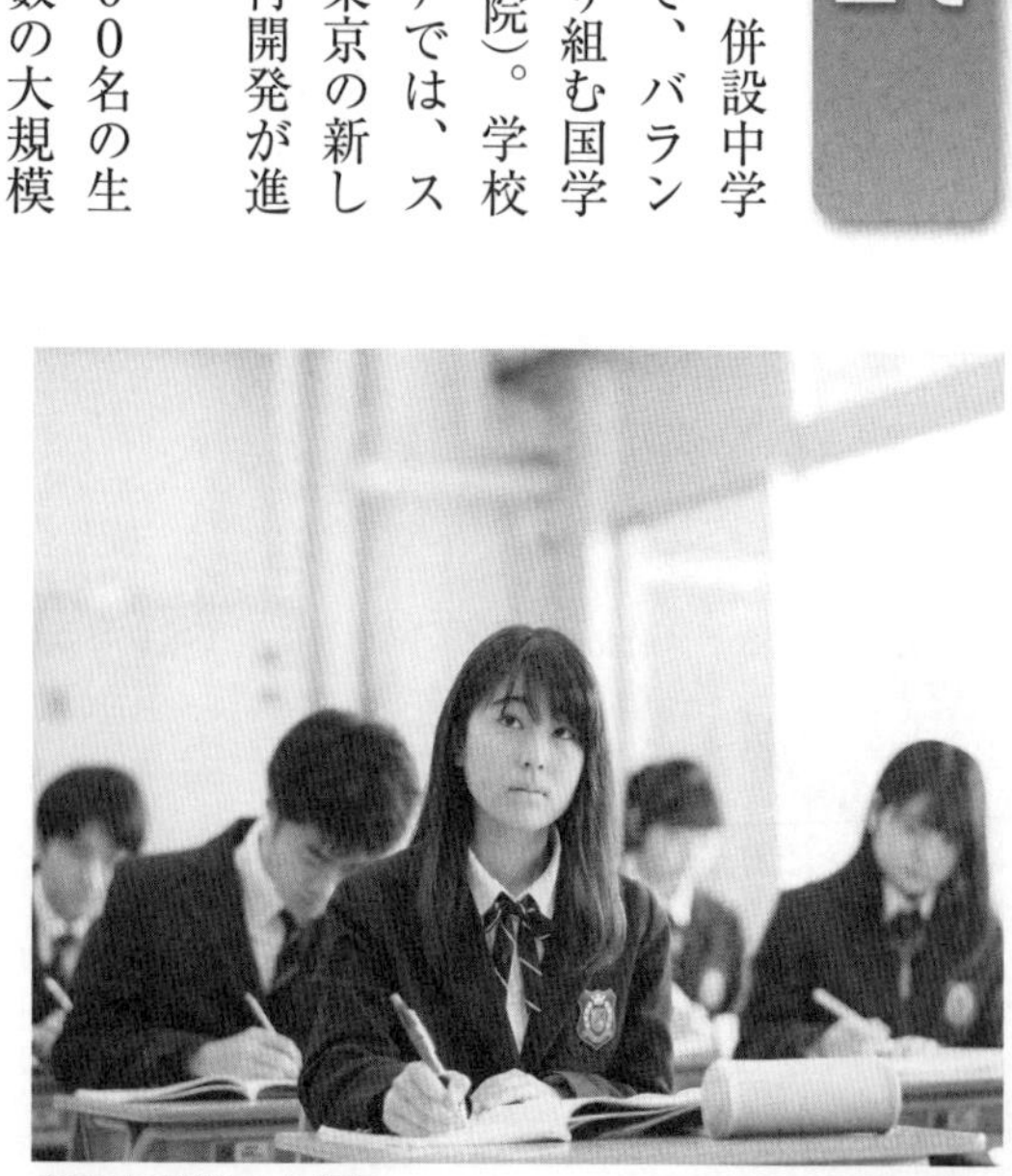
真面目で穏やかな校風

付属校＆進学校の実力

国学院大学の付属校でありながら、都内でも屈指の進学校である点も魅力の１つです。

高校3年間の学習内容を見てみると、1年生は基礎学力と学習習慣をつけることを目的としたカリキュラムが中心で、2年生から文系・理系に分かれて大学受験を意識した授業

に入ります。そして2年生は秋に実施する文化祭を境に本格的な受験モードに入り、3年生では学校推薦も含め、各々の進路目標の達成に向けた準備に取りかかります。

「大学受験に関しては、外部講師による長期休暇中の講習や3年生の勉強合宿など、様々な学習機会を用意しています。一方、日々の生活のなかで最も大切にしている点は、授業への準備や取り組み方など、当たり前のことを、泥臭く、コツコツと取り組むよう指導していることです。小テストへの取り組みや課題提出についても、細かいことですが、徹底して指導しています」(谷崎先生)

国学院では、毎年、2割弱の生徒が無試験推薦で国学院大学へ進学していますが、その他8割強の生徒は、国公立大学をはじめとした難関大学へ果敢にチャレンジしています。2022年度大学入試でも高い合格実績を残しており、国公立大学・早慶上理105名、G-MARCH485名の生徒が現役で合格しています。

今年度から国内体験学習と海外語学研修を再開!

多くの大学が英語民間試験の結果を入試に利用する傾向が高まっていることをふまえて、英検への取り組みにも力を入れています。

1、2年生は年3回、3年生は年1回の英検受験を全員必修にしており、長期休暇中には英検講習を実施しています。外部講師による年5回(1、2年生は3回必修)の英検講習を通して、生徒全員の英語力の底上げを図りながら、高校卒業までに英検2級の取得をめざします。

また、コロナ禍で中止していた海外語学研修は、昨年12月のオーストラリア研修から再開しました。希望者が多かったため、今春にも追加で実施する予定です。12月は2年生95名が参加し、春には1年生約70名が参加を希望しています。

国内で実施する宿泊型の体験学習も12月に再開しました。国学院の伝統ある行事「スキー教室」、歴史や文化、防災など自らテーマを決めて探究する「東北研修」、出雲を訪れて本格的なフィールドワークから日本文化を学ぶ「歴史教室」、歴史、文学のテーマに分かれて探究する「京都研修」、そして今回新たに企画した「沖縄研修」の5つの宿泊型イベントを実施しています。

参加者はのべ336人。積極的に学校行事に参加する生徒が多いことも国学院の特徴の1つで、コロナ禍においても工夫しながら様々な学校行事が再開されています。

「1学年に約600人の同級生がいますので、それぞれの個性も様々です。飾ることなく、そのままの自分でいられるはずです。学校行事も多く、部活動も運動部・文化部と豊富にありますので、自分の居場所を見つけて、高校3年間を思いっきり楽しむことのできる学校です」(谷崎先生)

■国学院高等学校(共学校)

所在地 東京都渋谷区神宮前2-2-3

TEL 03-3403-2331

https://www.kokugakuin.ed.jp/

<アクセス>

地下鉄銀座線「外苑前駅」徒歩5分

都営大江戸線「国立競技場駅」徒歩12分

JR線「信濃町駅」「千駄ヶ谷駅」徒歩13分

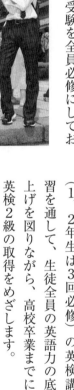

茨城県 ● 共学校

土《つち》浦《うら》日《に》本《ほん》大《だい》学《がく》高等学校

２０２３年に創立60周年を迎える土浦日本大学高等学校。日本大学の付属校でありながら難関国公立・私立大学への進学を目指すコースを有し、また、グローバル教育に積極的で、スポーツ強豪校でもあるという多彩な面を持ち、生徒一人ひとりの個性を伸ばす教育を実践しています。「調和・至誠・自立」の校是の下、２０２１年度からは通信制課程も開校し、多くの分野で次世代を担う人材を育成します。今回は、伊藤哲弥校長先生と情報入試室長の福原祐介先生、情報入試副主任の吉澤千恵先生にお話を伺いました。

「自分のやりたいこと」に思い切り打ち込める環境

本校は、総合進学コース（進学クラス・スポーツクラス）、特別進学コース（スーパーハイクラス・特進クラス）、グローバル・スタディコースの3コース5クラス制であり、一人ひとりが思い描く進路を実現できる環境となっています。

最大の特徴は、日本大学の付属校であると同時に、国公立大学や海外の大学への進学サポートも充実している点です。

部活動、学校行事、難関大学受験、海外大学進学など、いろいろな目標や好奇心を持った生徒たちが互いに刺激し合えるところが大きな魅力です。

37種類ある部活動ではハイレベルな活動をするクラブも多く、まさしく「文武不岐」の言葉の通り、学問と課外活動が相乗効果を生み出しています。

コロナ禍を海外で過ごした小中学生の中には、やりたいことに思い切り取り組めなかった人もいるかもしれません。本校入学後は思い描いた高校生活を実現し、充実した3年間を送ってほしいと思います。

高校単独校ならではの3年間の学校生活

同じ敷地内には土浦日本大学中等教育学校がありますが、付属校ではなく、別の学校として運営されています。一学年に約18クラスある本校には１９５９名の生徒が通っており、全生徒が高校からの入学生です。

帰国生の人数はクラスによって異なりますが、多いところで3〜4名が同じクラスに在籍しています。このように数字で見ると、入学後の学校生活に不安を感じることもあるかもしれません。しかし、そのような心配は全く必要ありません。

国内からの入学生も様々な地域から通学していますし、全員が高校１年生のタイミングで同時にスタートを切りますので、みんなで力を合わせてクラスを作り上げていきます。

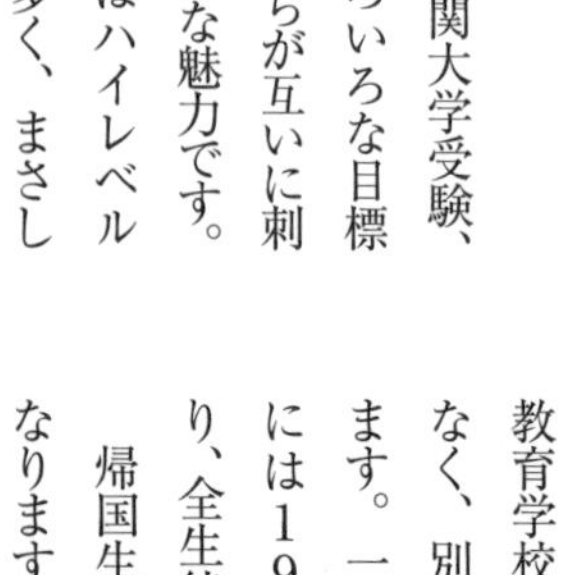

ネイティブの教員による少人数授業。４技能を鍛える機会が充実しています。

帰国生たちはかけがえのない「経験」を生かして本校で様々なことに挑戦し、周囲を巻き込んで活躍してくれていると感じています。

教育方針を体現する新たな帰国枠入試

コロナ禍の影響で海外入試が中止となったことから始めた海外アドミッションズ・オフィス入試では、事前課題に取り組んでもらい、その内容を元に面接を行う試験形態を採用しています。事前課題は周囲の人から適切な助言を受けて、より良いものを作り上げていく力、またそれをどれだけ自分の言葉で理解し、発信できるかに注目しています。

評価する試験官は、受験生の選んだテーマに精通した教員が担当します。事前に時間をかけて内容を確認した上で、オンライン面接でディスカッションをしたり、またはアドバイスをしたりできるよう準備しています。

このように受験生一人ひとりの取り組みをしっかりと確認し、評価する方針は、まさに入学後の本校の授業スタイルを投影しているものです。

課題の準備は大変かもしれませんが、海外在住の多くの受験生にぜひチャレンジしてもらいたいです。

多様な海外経験をもつ帰国生の皆さんへ

帰国枠入試には海外アドミッションズ・オフィス入試の他に、学科試験での海外学力選抜入試と帰国国際生入試(国内入試)を実施しています。

両者とも基本的には国内一般入試と同等レベルですが、海外学力選抜入試は実施時期が早いため、出題単元に若干の差を設けています。

いずれも一般入試の問題でしっかりと練習をしておけば、十分対応できる力を付けられると思います。

また、本校は男女寮も完備しており、寮で生活する帰国生もたくさんいます。「一人一部屋」の個室を用意し、プライベートな時間を確保しながらも、共有スペースでは学年を超えて帰国生の友人とつながることができるアットホームな環境となっています。

保護者の海外赴任が継続される場合も、安心した環境で学習や部活動に取り組むことができます。

幅広い進路選択、様々な学校行事に部活動と数多くの魅力がある学校ですから、きっとイメージ通りの高校生活を実現できるはずです。積極的に学校生活を充実させたいと考えている受験生の皆さんをお待ちしています。

伊藤哲弥《いとうてつや》校長先生

情報入試室長
福原祐介《ふくはらゆうすけ》先生

情報入試副主任
吉澤千恵《よしざわちえ》先生

スクールインフォメーション

所在地：茨城県土浦市小松ヶ丘町4-46
アクセス：JR常磐線「土浦駅」バス10分または徒歩25分
TEL：029-823-4439(情報入試室直通)
URL：https://www.tng.ac.jp/tsuchiura/
※メールマガジン、Facebook、Twitterでも情報を発信しています。

2022年3月　おもな合格実績

東京大学…1名／大阪大学…1名／筑波大学…17名／茨城大学…25名／国公立大学合計…89名／慶應義塾大学…3名／早稲田大学…15名／上智大学…7名／東京理科大学…16名／日本大学…310名／国・私立医学部医学科…8名／University of Toronto…1名／King's College London(9月入学)…1名

中学生の未来のために！

大学入試ここがポイント

いま国内の大学では文部科学省による理系大学、同学部への支援が進んでいます。それに加え、本誌32ページからの記事「高校に進んだら文系、理系 あなたはどうする？」のなかでも触れていますが、国は理系学生を大幅に増やす計画を明らかにし、そのための施策を、いま矢継ぎ早に公表しています。ここでは昨年からの理系支援に関連する動きをまとめました。

急ピッチで進んでいる国の「理系学生増加計画」

NEWS

理系学生の割合を5割へ 女性比率の増加もめざす

●２０２２年5月

日本の「理系学生の比率」改善へ

5月10日、岸田文雄内閣総理大臣を議長とする教育未来創造会議が「我が国の未来をけん引する大学等と社会の在り方について（第一次提言）」をまとめましたが、いくつかの提言のなかで理系学生に関する、以下の2点が目につきました。

◇

①人口減などでの国際競争力の低下が懸念されるなか、日本は自然科学（理系）分野を専攻する学生の割合が35％にとどまって、諸外国から後れをとっている（本誌調べでは31％）。

理系分野を専攻する学生の割合を２０３２年ごろまでに、世界トップレベルの5割程度へ引き上げることをめざし、大学等の再編に向けた初期投資の支援や、文理横断の観点からの入試出題科目の見直し、ダブルメジャー（複数専攻）の推進など、意欲ある大学の主体的な取り組みを推進する。

②高校1年生では、女性の約4割の理数成績が世界トップクラスだが、大学で理工系を選択する女性は7％にとどまる。

理工系、農学系などあらゆる分野で女性が活躍できる社会をつくっていく。具体的には、入試で女子学生枠の確保に取り組む大学等への支援を強化する。

国際卓越研究大学の認定が2大学統合でクローズアップ

●２０２２年8月

東京工業大・東京医科歯科大統合へ

２０２２年8月8日、東京工業大、東京医科歯科大、両大学統合のニュースが流れ、世間を驚かせました。ともに国立伝統校の統合は以前なら考えられないことでしたが、10月には基本合意し、２０２３年1月には、統合後の大学新名称を「東京科学大学」とすることまで発表され、そのスピード感も話題になりました。

両大学が統合を急いだのは、国際卓越研究大学（以下、国際卓越大）認定公募への締め切りが迫っているからだという見方が一般的でした。

国際卓越大は、世界レベルの研究力を持ち、将来、経済や社会に変革をもたらす成果を期待できる大学を政府が認定するもので、10兆円規模の「大学ファンド」の運用益３０００億円（年間目標）を、２０２４年度から1校あたり年間数百億円で最長25年間配分することが公表されています。国際卓越大に認定されれば、研究費、開発費などが潤沢になります。

その公募は２０２２年12月～２０２３年3月までで、その後1次、2次の審査を経て２０２３年11月ごろに認定校が決定の運びとなります。２０２４年度には資金の配分が始まりますから両大学にとっては「待ったなし」の状況だったわけです。

　認定されるのは7校から10校程度とみられており、国立大学、私立大学が競って認定をめざしています。

　国際卓越大への認定はその趣旨から、理系大学や、論文認定の多い理系学部を持つ大学が強みを発揮するものとみられています。

　政府は国際卓越大をテコに、なんとしても世界トップレベルの大学を数校は作り出したいとの考えです。

東工大が入試に女子枠を創設
25年度までに14％の１４３人

●２０２３年1月
国立大トップ校の英断に驚きも

　右ページ冒頭の教育未来創造会議による提言のうちの「入試で女子学生枠の確保に取り組む大学等への支援を強化する」を受けて、文部科学省（以下、文科省）は「理工系分野に女子枠の創設」を各大学に促していました。

　２０２３年度入試では、名古屋大（9人）、島根大（6人）、富山大（8人）などが、少ないながらすでに女子枠を設けています。

　さらに1月10日、東京工業大が、２０２４年度から女子枠を創設、２０２５年度には学校推薦型選抜と総合型選抜で計１４３人の女子枠を設けることを発表しました。

　これは東工大の総募集数（１０２８名）に対して14％を占める規模で、現在の女子13％に上乗せして女子20％以上をめざすものです。

　総募集数は変わらないので、一般選抜枠は逆に８０１人に減るわけで、理系国立大トップ校の英断は驚きをもって迎えられるとともに、他大学の追随を促すものになると思われます。

理工農系の新設・転換支援
目標は10年で２５０学部

●２０２３年1月
3000億円の基金を活用して

　文科省は1月11日、デジタルや脱炭素など成長分野の人材を育成する大学の理工農系学部を増やすため、公立大と私立大を対象に約２５０学部の新設や理系への学部転換を推奨し支援する方針を固めました。この動きも、昨年5月の教育未来創造会議による提言を受けてのものです。

　２０２２年度創設した３０００億円の基金を活用し、今後10年をかけて、文系学部の多い公立大、私立大に、理系に学部を再編するよう促す構想です。

　同省は、希望する公立や私立の大学を公募し、学部新設や転換に向けた検討や設備費用などを最長7年にわたり、1校あたり数億円～約20億円を支援する方向です。

　公募する期間は今年3月からの10年間とし、２５０学部程度の新設や学部転換を見込んでいるといいます。試算として、1校に1学部新設された場合、私立と公立合わせ、全７２１校の3分の1にあたる規模となります。

　また、情報系の高度専門人材の即戦力を養成するため、国立大と高専も対象に含めるとしています。

　これら情報系分野の専門人材育成に実績がある学部・研究科の定員を増やすための人件費や施設整備費として、最大10億円を助成する計画で、60校程度の公募を見込んでいます。

大学入試科目改善に向け
文科省がその指針を発表

●２０２３年1月
文系学部入試で数学を問う可能性も

　文科省は1月25日、国公私立大に向けて、入試改善を促す指針を作成しました。これも教育未来創造会議による提言を受けてのもの。

　大学によっては、学生確保のため、入学後に必要であるにもかかわらず理系科目を入試で課さないなどの形骸《けいがい》化がめだっているためとしています。

　指針案では、入試で入学後の授業に必要な科目は原則、課すよう大学側に求めます。

　データサイエンスを学ぶ学部での数学や情報、経済を学ぶ学部での数学を、入試で課すことなどが想定されています。

　なお、同省が大学入試の改善について指針を出すのは初めてのことでした。

東大入試突破への現代文の習慣

東大入試を突破するためには特別な学習が必要？　そんなことはありません。身近な言葉を正しく理解し、その言葉をきっかけに考えを深めていくことが大切です。田中先生が、少しオトナの四字熟語・言い回しをわかりやすく解説します。

早稲田アカデミー教務企画顧問
田中としかね

東京大学文学部卒業
東京大学大学院人文科学研究科修士課程修了
専攻：教育社会学
著書に『中学入試 日本の歴史』『東大脳さんすうドリル』など多数。文京区議会議員。第48代文京区議会議長、特別区議会議長会会長を歴任。

田中先生の「今月のひと言」

自分自身で「発見」したことは、「感動」と共に記憶に刻まれる！

今月のオトナの四字熟語

神出鬼没

「前ぶれもなく突然現れたり、急に消えたりすること」を意味する四字熟語ですね。「しんしゅつきぼつ」と読みますよ。「神のように現れたり、鬼のように消えたりする」というのが、文字通りの意味になりますね。「神」や「鬼」というのは、その所在を確認することが難しいという対象であり、当然その「出没」についても、全く予測がつかないということになります。神様や鬼が登場する日本の昔話が元になっている言葉なのでしょうか？　実は日本ではなく、中国の古典に由来する言葉だといわれています。それは『淮南子《えなんじ》』という思想書です。「塞翁《さいおう》が馬《うま》」（「人生の運・不運は予測できないものだ」という意味の故事成語）の出典として、聞き覚えのある人もいるでしょう。紀元前の2世紀、前漢の武帝の時代に編纂され、政治や兵学、天文や地理にいたるまで、内容は「百科全書」的なバラエティーに富んだものです。そのなかの、戦いの策略について述べられた「兵略訓」に「神出鬼行（＝神出鬼没）」という言葉が登場します。漢文を日本語訳してみると次のようになります。「用兵に長けている者の行動は、神出鬼没である。星が輝くように、天がめぐるように、一挙一動は、前触れもなく、傷跡も残さない。動き出す様は疾風の如く、駆け抜ける様は稲妻の如くである」と。迅速な行動こそが肝要である！と強調しているのですね。

「神出鬼没」と聞くと、私は子どものころに観たアニメを思い出します。「神出鬼没の大泥棒！」というセリフとともに、今でいうとグローバルに活躍？する主人公のお話です。世界中の警察が彼を逮捕しようとして血眼《ちまなこ》になっている、という設定でした。「神出鬼没」も、「血眼」という表現も、このアニメで初めて耳にしたように思います。それを今でも覚えているのですから、「最初の出会い」といいますか「ファーストインプレッション」は、やはり大事なのだと思いますね。「かっこいいセリフだな」と、子ども心に憧れた感情とともに記憶がよみがえりますから。

これを現在の世界にあてはめると、「グローバルに活躍していて」、その作品を「皆が血眼になって探している」という条件にぴったりと当てはまるアーティストが思い浮かびます。名前を、バンクシー（Banksy）といいます。イギリスを拠点とする素性不明の「路上芸術家」で、もちろん生年月日も未公表の人物です。世界中のストリート、壁、橋などを舞台に、まさに「神出鬼没」の活動を行っています。最近では、ロシアの侵攻が続くウクライナの首都キーウで作品が発表されましたよね。「柔道着姿の相手を投げ飛ばす小さな男の子」が描かれた壁を、ニュースで見た人も多いのではないでしょうか。

ところで「壁に絵を描く」という行為は、人類の芸術の起源だといえるのではないでしょうか。思い出してください、クロマニョン人と呼ばれる現生人類（ホモ・サピエンス）による「ラスコーの壁画」を。歴史の教科書にも載っていましたよね。フランスのラスコー洞窟で発見された野生動物の絵になります。鋭い観察眼に基づいた表現が駆使され、まるで生きているかのような躍動感に満ちた「作品」ですよね。今から約2万年前に描かれたものだとは思えないほどです。もちろん世界遺産にも登録されていますからね。

さて、「神出鬼没」のバンクシーです。実は東京でも、その作品が発見されているのをご存知でしょうか。２０１９年1月、東京都港区の東京臨海新交通臨海線（通称「ゆりかもめ」）の日の出駅近くの防潮扉で「1匹のネズミの絵」が見つかりました。トランクケースを持ったネズミが傘を差して、どこか旅行にでもでかけようとする姿を描いた小さな絵になります。実は以前からその場所に描かれていたようなのですが、「1月17日」に突然話題となったのでした。きっかけは、その日に投稿された、小池百合子東京都知事の写真入りのツイッターです。「あのバンクシーの作品かもしれないカワイイねずみの絵が都内にありました！　東京への贈り物かも？　カバンを持っているようです。」この「つぶやき」を機に、一挙にマスコミの話題となったのでした。

「本当にバンクシーによる作品なのか？」という検証もすすめられました。現時点でも真贋《しんがん》は確定されていないようですが、「おそらく間違いない」という判断です。というのも、バンクシー自身が編集に関わった初期の作品集『Wall and Piece』の中に、この作品の写真が掲載されているからです。「東京２００３」とキャプション（写真の説明のための文字情報）もつけられています。東京都のホームページには「公共物への落書きは決して容認できるものではありませんが」と前置きしたうえで、「地元の方々からは……多くの都民が見学できるようにして欲しい旨の要望があり、日の出ふ頭の賑わい向上

にも資することから、絵の描かれた防潮扉が設置されていた場所に近い同ふ頭において展示することとしました。」とあります。現在も、日の出ふ頭2号船客待合所で常設展示されていますよ。皆さんも機会があれば、「神出鬼没」の芸術作品を目の当たりにしてみませんか！

今月のオトナの言い回し

羽振りがよい

「先生、大発見です！」と、うれしそうに報告してくれた教え子くんがいます。「辞書を引いていて見つけたんですけれども、こんな偶然ってあるでしょうか！」と、興奮冷めやらぬ様子です。「一体、何を発見したっていうの？」とたずねると「羽振りがよい」という言い回しを、辞書で調べたのだというのです。

「羽振りがよい」というのは、「財力があり、気前がよいこと」を意味する慣用表現です。「世間における地位・勢力・人望に恵まれ、威勢がいい」というところから、具体的な場面として「周りの人達に対して、気前よくお金を使う」という行動になって現れるということなのですね。「羽振り」という言葉は、もともとは「鳥が威勢よく羽ばたくこと」という意味でしたが、その威勢のよい様子から比喩的に「地位や権力や金力があり、勢いのあること」を表す言葉へと転じたと考えられています。

「それで、大発見というのは何だったの？」と、再びたずねると「辞書で隣に並んで載っている言葉は何だと思いますか！」「『羽振りがよい』の隣？　何だろう、思いつかないね」「『バブリー』なんですよ！『バブリー』！」

「バブリー（bubbly）」というのは、英語本来の用法では「泡立っている」といった意味合いの表現ですが、「バブル景気」という日本語を前提として「バブル期的な思考、金遣い」などを意味する場合が多いのです。まさに「景気よくお金をぱっぱと使う様や、そういったお金の使い方をする人」を意味しています。確かに「羽振りがよい」と並んでいるのは偶然にしても出来過ぎといった感じですね。いや、「バブリー」が辞書に載っているということにさえ驚きなのですが、もはや「歴史的な用語」という扱いなのでしょうね。

「バブリーな時代の象徴として、羽毛のようなフサフサした飾りのついた、色が派手だったり光がキラキラ反射する素材だったりする、大ぶりな扇子があるじゃないですか」「よく知ってるね、『ジュリ扇《せん》』っていうんだよ」「まさに『羽振りがよい』という言葉の意味、そのものじゃないですか！」

教え子くんの言う通り「大発見」で間違いないでしょう。私もなんだか感動しました。こうした自分で「発見」した内容というのは、感動とともに記憶に深く刻み込まれるものです。とてもよい学習の機会でもあったと思いますよ！

はブラシ【歯ブラシ】〈名〉
た小さいブラシ。
はぶり【羽振り】〈名〉
用例 羽振りがいい。羽振りを
バブリー〈形動〉見るから
金がかかっていそうなようす。
という意味の俗《ぞく》な言、
シモシモ〜

三省堂『例解新国語辞典第九版』より

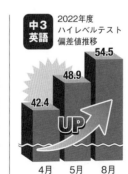

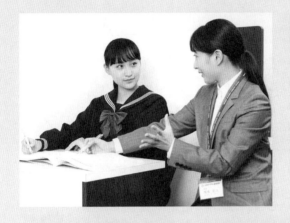

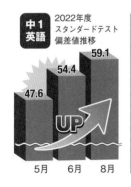

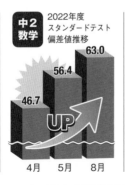

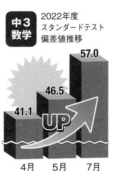

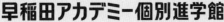

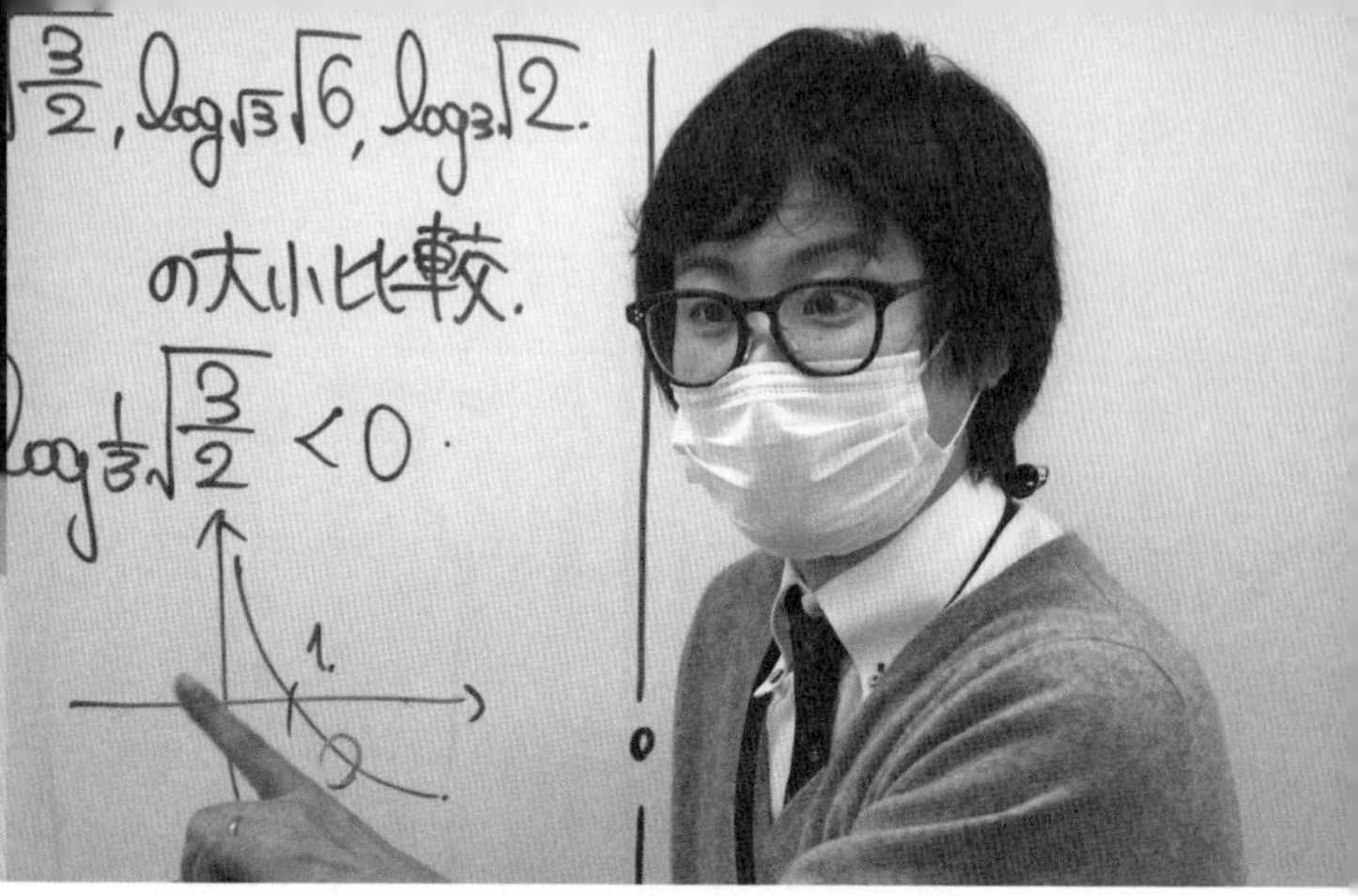

早稲田アカデミー
大学受験部
授業ライブ

#05

“勉強”のススメ
―だから学びは面白い！

数学／島森《しまもり》敦司《あつし》先生

今、勉強しているのは受験のため？ 勉強を続けると見えてくるものは？
早稲田アカデミー大学受験部の授業をのぞいてみると、
そのヒントが見つかるかもしれません。
第5回は、島森敦司先生の数学の授業です。

真剣勝負が早稲アカの持ち味

島森先生に学校であったことを報告したり、解法を教え合いながら復習していたり……。授業が始まる前の高1数学「TopwiN」クラスは、和気あいあいとにぎやかです。ところが、授業開始のあいさつをして確認テストが配られると、その空気は一変。島森先生の「よーい、始め！」の声とともに問題用紙を裏返す音が響き、教室は緊張感に包まれます。やがて終了を告げるタイマーのアラームが鳴ると、「あれ、どこかで間違えてるぞ？」「『1』は余計だったかあー」と、再び活気のある雰囲気に。島森先生は生徒を指名しながら、解答のポイントをまとめていきます。

「早稲田アカデミーには、『何事も真剣に取り組む』『競争を楽しむ』という文化があります。授業内で行う確認テストは10分程度のものですが、テストはテスト。生徒が集中して問題に取り組める環境づくりを心掛けています」

と、島森先生は説明します。島森先生の「環境づくり」は、授業だけにとどまりません。

「校舎が常に生徒にとって『学習しやすい環境』であるよう心掛けています。同時に、生徒たちのなかに『ここは成績を伸ばすための場所だ』という意識を育むことも大切ですね。例えば、自習室やラウンジなどを使用する際のルールを示し、守れない生徒がいれば注意する。おせっかいかもしれませんが、これ

も『早稲田アカデミーらしさ』といえるかもしれません」

仲間と学ぶからこそ生まれる刺激

この日の学習単元は数学Ⅱの「指数関数・対数関数」。公立高校では高校2年生で学習する分野ですが、生徒たちは大学入試レベルの小問に挑戦していきます。

「このクラスでは既に『指数関数・対数関数』の導入学習を終えていますので、授業は問題演習を中心に行います。段階的にレベルを上げながら同じ単元を繰り返し学習し、理解を深めていくのが、早稲田アカデミー大学受験部のカリキュラムの特徴です」

問題演習に対しても、確認テストと同じく生徒たちは真剣そのもの。島森先生は必ず制限時間を板書してから演習をスタートさせます。演習時間が終わると、島森先生は1人の生徒を指名し、その解答例をホワイトボードに板書していきました。

「その考え方は思いつかなかったわ」

「これは拍手!」

と他の生徒から声が上がります。

「確かにこの着眼点は鋭い、誰もが思い付くわけではないね。でも、こういう解き方もあるんだよ」

と、島森先生は別の解法を板書していきました。

「生徒が何に迷い、どこで難しいと感じるかを意識して授業を行っています。そうすることで、最も効果的な解決策を提示できるからです」

集中して問題を解き、仲間の考え方を共有しながら理解を深める――島森先生の授業は、対話型だからこそ生まれる刺激に満ち溢れています。

見つけてほしいのは「夢中になれるもの」

授業の終盤、島森先生は生徒たちが受験した模試について振り返りました。

「全体的に英語はやや難、数学はやや易、国語はかなり難しかったね。だから国語の得点がいつもより低かった人も、きちんと復習すれば大丈夫。ただ、マークシートの書き方が雑な人がいるなあ……いつも注意しているんだけどな」

生徒たちはその言葉に胸をなでおろしたり、「ぼくのこと?」と聞き返したり。島森先生のクラスには、数学の授業の枠を越えた一体感があります。

「数学の点数を知っていても、それだけでは『生徒を知っている』ことにはなりません。一人ひとりの個性を理解するからこそ、その力を伸ばすことができる。生徒たちにはさまざまな科目に触れることができる今だからこそ、自分が『面白い』と思う学問を見つけてほしいですね。面白いと思うものが数学なら、一緒にその奥深さを楽しみたい。もちろん、『数学は好きになれないけど、先に進むためにどうしても必要だ』という生徒も大歓迎。数学との上手な〝付き合い方〟を教えます」

……島森先生より……

「学び」とは?

〝考える〟を〝楽しむ〟

数学科 島森 敦司

大学受験部のWebサイトはこちら

早稲田アカデミー 大学受験部

東大生リトのとりとめのない話

文系か、それとも理系か 東大生リトの決断を語る

こんにちは、リトです。中学生のみなさんにはまだ先の話かもしれませんが、高校では、ほとんどの方が文系と理系のどちらへ進むかを決める「文理選択」をすると思います。今回はその「文理選択」についてお話しします。

東大の進学選択制度で入学後に文系から理系へ

ぼく自身は、大学は文系で入学しました。文科三類というところです。その後、東大の「進学選択制度」※を利用して、3年生からは理系の学部に進みました。工学部システム創成学科Cコース（PSI）知能社会システムという長い名前のところです。ここでなにを学んでいるかというと、ざっくりいうとAIや経済、船舶に関する物理です。

このように東大では、「進学選択制度」を使い、文系から理系、理系から文系に行くことができます。文理変更自体はそれほど難しくはありませんが、文系の学生の場合、理系に進んでやっていけるか不安を感じ、行きたいけど諦める人は多いそうです。

ここでよく聞かれるのが、文系で入学したぼくが「なぜ理系の進学先を選んだか」ということです。これには積極的な理由と消極的な理由の2つがあります。積極的な理由は単純で、AIがおもしろそうだったからです。1年次にプログラミングの授業を履修したり、AIに関するサークルのような集まりに加入するなど、大学入学後にプログラミングやAIに触れていました。その体験を通してAIについてもっと深く学びたいと考えたのです。

また、入試としての文系科目は得意で好きでしたが、学問として学ぶうえではあまり得意ではなく、むしろ苦手だということが大学入学後にわかった

※1、2年生は全員が教養学部に入り、2年生の後期から進学する学部・学科を選択する制度。通称「進振り」

リトのプロフィール

東大文科三類から工学部システム創成学科Cコースに進学（いわゆる理転）をする東大男子。プログラミングに加え、アニメ鑑賞と温泉が趣味。

リトが勉強に使った、高校の文系参考書と大学の理系参考書。

のです。ぼくはもともと、心理学系の学部に行きたいと考えていました。しかし、1年次の授業で心理学の実験を経験したところ、自分が心理学を学問として修めるイメージが持てなくなりました。これが、消極的な理由です。

ぼくのような例もあるので、東大で入学後に自分の進路を考える機会があるのは非常によいことだと思います。

高校のときに なぜ文系を選択したか

そもそも、なぜ高校のときに自分が文系を選んだのかというと、理系科目は習得までに時間がかかると思ったからです。ぼくは、理系科目は頭で理解するだけでなく、手でも覚える必要があると考えています。「手でも覚える」というのは、数学の式変形などを、まるで手が覚えているかのようにスラスラと書き出せるくらいしっかりと記憶として定着させるイメージです。ここまで習得するには、学習内容を時間をかけて反復する必要があります。そのため、理系科目の習得は文系科目より時間がかかると感じています。

大学入試で文系を選択したのは高2の秋以降ですが、それまでのぼくは水泳が忙しく、勉強の習慣もありませんでした。高2の秋というと、受験勉強を始めるにはあまり早い時期とはいえません。残り時間を考えると、習得に時間を要する理系科目よりも文系科目の方が勉強を深められると考え、文系を選択しました。世界史などは覚えるのもおもしろく楽しく勉強できましたが、いま思えば、はじめから理系を選択してもよかったかもしれません。

「夢」から考えたい 高校での文理選択

では、高校での「文理選択」の際には、どのようなことを考えて選べばよいのでしょうか。やはり大事なのはやりたいことがあるかどうかだと思います。まだ現実的に考える必要はなく、「夢」として考えてみてください。「かっこいい自動車を作りたい」「世界一の富豪になりたい」などでもいいです。自動車を作りたい場合は、理系である必要がありますね。富豪になりたい場合は、文理どちらでもかまいません。一応、いまの世界一の富豪は理系出身ですから、理系の方がいいのかもしれません。こんなふうに将来の夢を見据えて選ぶ方法があります。

次に、それでもやりたいことが思いつかない場合です。そのときは、理科が好きなら理系、社会が好きなら文系と決めてみてください。国立大学を志望する場合は、国語、数学、英語はいずれにせよやらなくてはならないので、理科と社会の2択で決めた方がいいと思います。理系なのに数学が苦手でも、英語、国語、理科で得点を稼いで受かった人もいます。

数学の好き嫌いで文理を選ぶ人が多いと思いますが、大学受験を考えるとそうではなく、理科と社会を基準に選んでみるのがいいのではないでしょうか。

今回は「文理選択」についてお話ししましたが、いかがでしたでしょうか。また次のコラムも楽しみにしていてください！

キャンパスデイズ 十人十色

東京大学

教養学部文科二類１年生

小谷《おたに》 祐介《ゆうすけ》さん

進振り後のプラン見据え いまのうちに基礎的な教養を身につける

Q 東京大学を志望した理由を教えてください。

進路選択でどの分野に進むか迷っているときに、東京大学に「進学選択制度」（1、2年生は全員が教養学部に入り、2年生の後期から進学する学部・学科を選択する制度。通称「進振り」）があることを知りました。目標が定まっていない自分にもピッタリだと思い、学びたいことを見つけるためにも、東京大学を志望しました。

文科二類を選択したのは自分の学力をふまえて、確実に合格できる科類を探した結果です。興味を持っていた「文化人類学」を学べるのは文科三類だったのですが、大学入学共通テストが苦手ということもあったので、得意な教科に集中して能力を高め、受験ではそれを活かせる科類を受験し、合格を勝ち取りました。

じつはいま、文科二類にいながら私は好きな「文化人類学」の講義を3つ選択しています。入学してからわかったのですが、受けられる講義の選択はそれなりに自由度が高いので、科類が違っても別の講義が受けられて、知的好奇心を満たせるのも東京大学のよさです。

Q 教養学部ではどんなことを学んでいますか。

教養学部の時点だと、科類が違っても授業内容にはあまり差はなく、幅広い分野で基礎的な教養を学んでいきます。

そのなかでも東京大学はクラスの仕組みに特徴があります。2年生の前期まではクラス単位での講義が多く、文科二類は文科一類と同クラスです。高校の延長のような感じで、クラスごとに仲が深まります。

2年生の後期になるとクラスの仕組みはなくなり、進学する学部・学科が決まります。私は経済学部経営

学科に進むつもりです。

Q 東京大学の魅力はどんなところにあると感じていますか。

3点あげられます。1点目が講義内容の広さです。1つの分野を集中的に学びたい人にとっては、幅広く学ぶ教養課程は一見デメリットに感じられるかもしれませんが、今後の人生に役立つ様々な教養を身につけられるので、豊富な知識を蓄えて次の道を歩んでいきたい人にとっては利点といえます。

例えば、東京大学では日本語と英語で論文を書く講義が必修です。そのほかに、情報の授業でアルゴリズムの仕組みを叩き込まれるなど、多彩な分野で専門的な内容にも触れられます。

2点目が、だれでも、なにかしらの分野の知識に長《た》けている人ばかりということです。1人ひとり、得意な分野の知識が豊富なので、会話が知的でおもしろいです。

3点目は立地です。駒場、本郷キャンパスのどちらも駅から近くて、様々な場所にアクセスしやすいのは大学生にとっては嬉しいこと。ほかにも立地がいい大学はありますが、町のように広々としたキャンパスがある東京大学のような大学はあまりないのではないでしょうか。

学生のうちに起業する人も多数

Q 将来のプランを聞かせてください。

将来は経営者になりたいので、学生のうちに起業することも選択肢として考えています。そのために少し前までインターンをしたり、起業している友人のもとで働いたりしていました。ある程度のところまで会社を大きくできたとしても、そこから上場をめざすことになった場合は、経営学を学んでおく必要があると思うので、そのときのために経済学部への進学を予定しています。

文科二類は、私のような起業家をめざす学生のほか、コンサルティング企業やメガバンクなどの企業に勤めたいと考える人が多い印象です。文科一類は弁護士、文科三類は官僚を志す学生が多いですね。

Q 読者のみなさんにメッセージをお願いします。

じつは私は高校生のときはそれほど勉強に力を入れていませんでした。それでも、中学生のときに勉強を頑張ってきた貯金がありましたし、周囲のレベルが高かったので、周りの真似をして効率的な勉強をすることができていました。中学生の勉強が高校の基礎にもなりますし、大学受験にもつながります。ここで頑張れば人生が変わる、と思いながら取り組んでみてください。

TOPICS

勉強時間の割き方に工夫を

個人的には、勉強時間をたくさん確保することは難しいと思います。加えて、無理をしてまで長時間勉強しても、なかなか身が入らないでしょう。だからこそ教科の割合を重視してください。

得意教科を鍛えつつ、苦手な教科にも向きあう時間を増やしましょう。とくに、受験にかかわる数学や英語は重要な科目なので、多くの時間を費やしてもいいかもしれません。

また、日ごろから使っている参考書で、なかなか理解が深まらないと思ったら別の出版社の参考書を使用してみてください。説明のスタイルが出版社によって違ったりするので、自分が理解しやすい出版社の参考書を見つけることも、勉強をするうえで大切です。

1年生のとき、クラスの友達とタコ釣りに行きました。クラスごとでの行動が多いため、自然とクラスの人と仲よくなります。

高3の9月までは文化祭で披露する劇の準備にも力を入れていました。終えてからはいっそう受験勉強に励みました。

高1で訪れた東京大学の五月祭の1枚です。

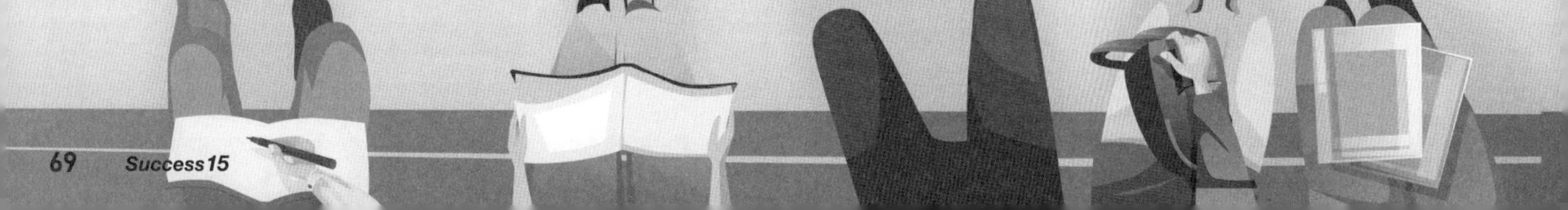

開智高等学校

進学実績を支える開智メソッド
【授業、補習、特別講座をリンクした徹底サポート】

毎年、高水準の大学合格実績を重ねている開智高等学校。今回は、その裏づけとなっている「高い教育力」の秘密に迫ります。

高品質な授業と、その効果を最大限に生かす補習と特別講座

《授業》

開智高校では、大学受験指導に精通した教師集団による、質の高い「授業」が毎日行われています。各単元の基礎的な知識や考え方の習得から、それらを自ら使いこなして考えていけるようになるまで、少しずつ、着実に生徒たちのレベルアップを図っています。

基礎となる学習部分では、先生からの講義が中心となる「授業」が行われるとともに、徹底した反復学習が行われます。その段階を終えると「学びあい」の段階に入ります。「学びあい」とは、先生からの話を聞くだけでなく、自ら課題や疑問点を発見し、それらを仲間とともに学ぶことで、より深い理解をめざす学習スタイルです。生徒たちは「学びあい」を通して、自分自身で調べ、思考し、発信するという一連の学習姿勢を獲得していきます。主体的な学び体験を通じて、それまで自分の「外」にあったものを「内」に取り込むことができるようになるのです。

このような主体性を持った生徒と、卓越した指導力を持った教師集団とによって毎日の「授業」が作り出されています。

《補習と特別講座》

授業の学習効果をさらに深めているのが、放課後に実施されている「補習」（1・2年生）と「特別講座」（3年生）です。

1・2年生のときには月曜日と木曜日に2時間ずつ、3年生になると月曜日から土曜日まで毎日3時間ずつの「講座」が用意されています。1・2年生は「補習」という名目で自由参加ですが、すべての生徒が参加しています。3年生は自分が必要とする「講座」を選択して受講します。

1・2年生の「補習」は授業を担当している教師が行っているので、授業と完全にリンクした内容となっており、生徒の理解度に応じて内容を精選できるだけでなく、授業で扱った教材との重複を完全に避けることができます。そのため学習効果が極めて高いので、ほとんどの生徒が「補習」に参加し、レベルアップしています。

≪3年間のコース編成≫

1年次	Tコース（クラス）		入試の結果、クラス編成テストの結果でコース（クラス）が決まります。ベースカリキュラムは全コース（クラス）共通です。
	S1コース（クラス）		
	S2コース（クラス）		

↓

2年次	理系	Tクラス	Sクラス	1年次のコース（クラス）に関わらず、各自で理系・文系を選択し1年次の学習成績により再編成します。
	文系	Tクラス	Sクラス	

↓

3年次		Ⅰ類（難関国公立）	Ⅱ類（国公立・私立）	Ⅰ類・Ⅱ類の希望およびクラス選択は2年次の学習成績をふまえ自分で決めます。理系・文系の変更は基本的にはできません。
	理系	Tクラス	Sクラス	
	文系	Tクラス	Sクラス	

3学年ともに、受講料は無料ですが、3年生の「特別講座」だけは、多くの入試問題を取り上げるので、教材費として500円（問題集代金など）が必要になります。

《特別講習》

「特別講習」として夏期講習、冬期講習、直前講習および春期講習が準備されています。例えば夏期講習については、1ターム5日間で、夏休み期間中に第1期から第6期までの全6タームが設定されています。

1・2年生対象には第1期、第6期の10日間の講習が、3年生対象には全期間30日間の講習が行われます。一日あたり1・2年生には3〜4時間、3年生には6〜8時間の講習が組まれています。また第1期講習の後に自由参加ですが、3泊4日の独習合宿も実施されています。

直前講習は3年生だけに行われる「特別講習」で、大学入学共通テスト対策講座、国立2次試験対策講座、私大対策講座など、入試パターンに合わせた講座が実施されます。

夏期講習、冬期講習、春期講習は1時間あたり360円で受講できるようになっています。直前講習についてはすべて無料で受講できます。

「わかったつもり」を徹底的に排除する

《独習》

開智高校の教師はいろいろな意味で「授業がうまい」ため、かなりの難問であっても授業中には理解することができます。しかし大切なのはここから先です。自分「独りで」その問題を解き直したときにきちんと再現することができるか、この「再現性」こそが実力として身についた部分だからです。そのためにまず「独りで」自分自身と向きあう作業が必要になります。これを開智では「独習」と呼んでいます。

そのための時間と場所を開智高校ではふんだんに準備しています。早朝、昼休み、放課後はもちろん、休日も落ち着いた環境（個人ブース形式）で「独習」できる「独習室」が約250席準備されています。平日は、1・2年生は夜7時まで、3年生は夜9時まで利用することができ、休日は朝9時から午後5時まで利用することができます（平日夜7時以降はバスで駅まで送ります）。

また校舎内には「独習室」とは別に仲間と一緒に勉強したり、先生に質問したりするための場所として「学びあいスペース」が何ヵ所も設けられています。それらのスペースには丸テーブルがたくさん置かれていて、合計で約300席になります。静かに自分と向きあう「独習」と、仲間とともに高めあう「学びあい」とを目的に応じて使い分けられるようになっています。

勉強のこと、進路のこと、部活動のこと…何でも気軽に相談できる先生

《サポート》

授業と独習の両輪で進めていく開智での学習ですが、それをより効果的にするのが「サポート」です。開智の職員室は、そのものが生徒の通行場所になっています。その通行場所の一部が広くなっていて、そこに職員室があるといった状態です。また職員室内にも生徒たちの「学びあいスペース」が40席以上設けられています。このスペースにより、勉強についての質問だけでなく、様々な相談を先生にしやすい環境が開智にはあります。このハードルの低さが、生徒に対する「サポート」の高さになっています。「わからないことは明日に持ち越さないこと」「ひとりで悩みを抱え込まないこと」開智高校の教師は全力で生徒のみなさんを「サポート」していきます。

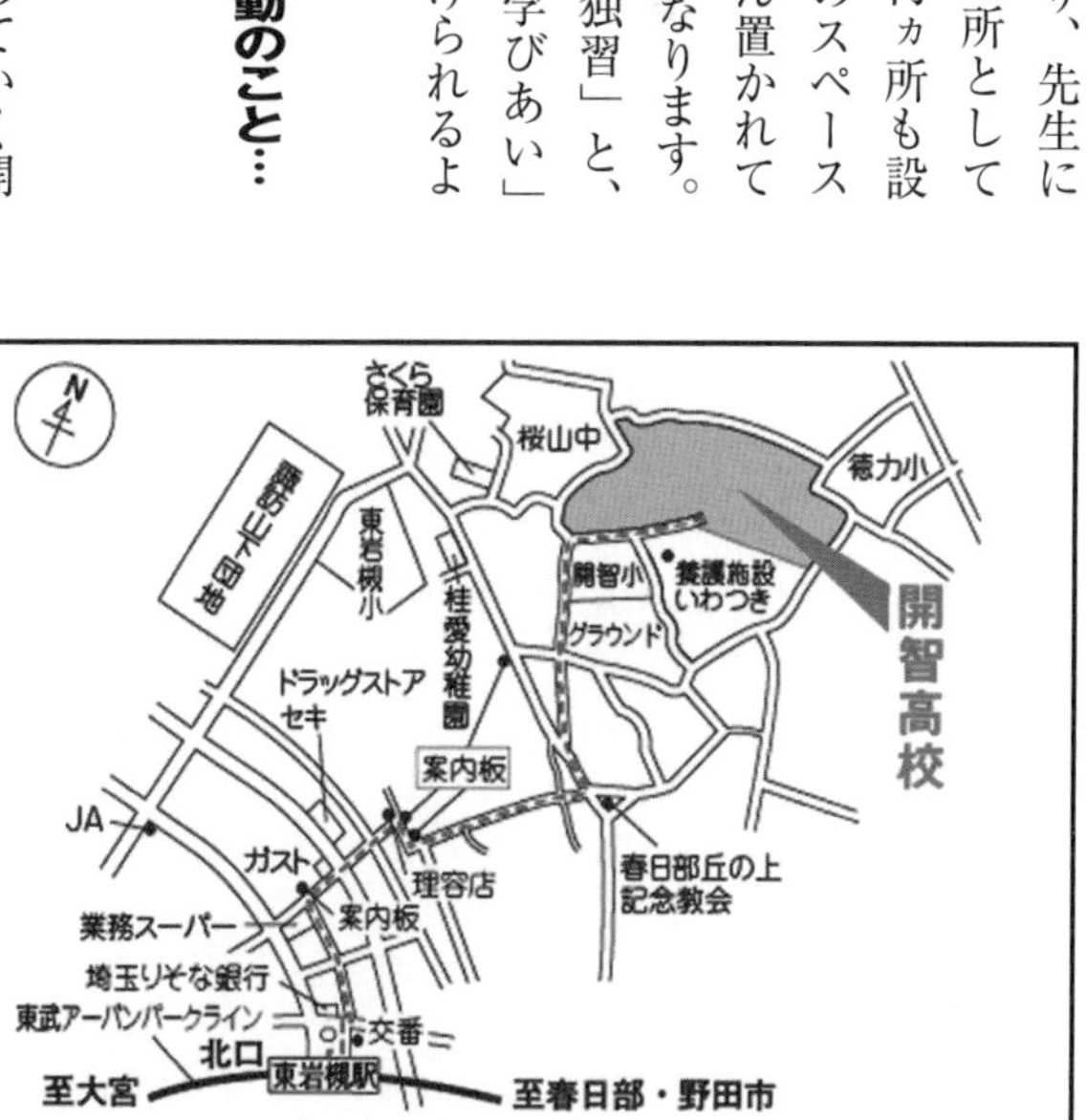

【タイアップ記事】

ちょっと得する

読むサプリメント

ここからは、勉強に疲れた脳に、ちょっとひと休みしてもらうサプリメントのページです。
ですから、勉強の合間にリラックスして読んでほしい。
このページの内容が頭の片隅に残っていれば、もしかすると時事問題や、
数学・理科の考え方で、ヒントになるかもしれません。

耳より ツブより 情報とどきたて

取り組み広がる 食品ロス削減

駅の近くなどで設置が進んでいるfuubo®無人販売機（ZERO株式会社）
～撮影本誌・東京都小金井市～

国内でも驚くほどの食品廃棄量

「食品ロス（フードロス）」という言葉を聞いたことがあるでしょう。まだ食べられるのに、捨てられてしまう食べもののことを食品ロスといいます。

2022年6月、農林水産省は2020年度分をまとめた国内の食品ロス量（推計）を公表しましたが、事業系食品ロス275万t、家庭系食品ロスが247万t、合わせて522万tでした。これは世界中で飢餓に苦しむ人々に向けた各国からの年間食品支援量（2020年で年間約420万t）の1.2倍に相当します。

ただ、日本での数字は、少しずつですが、年々減っています。消費者庁などが進める食品ロス削減への取り組みが理解され始めている表れと思えます。

東京・江戸川区では2022年12月から、区内の飲食店などで売れ残った食品を家庭向けに再販売するお手伝いをインターネットで始めています。

同・墨田区や港区では、飲食店での食べ残し削減を狙って「食べきり推奨店登録事業」を行い、「バラ売り、量り売りなどでの食料品提供」「閉店時間や賞味期限が迫った際の割引販売」「小盛りメニューやハーフサイズメニューの実施」などをうたっている飲食店を認定し、利用を呼びかけています。

インターネット通販サイト「トクポチ」では、賞味期限が残っているのに、流通から外れて廃棄を待っている食品を安く購入できる仕組みを作りました。缶詰など日持ちがするものなら販売価格は市価の4割引き。販売開始から時間が経つにつれて、さらに安くなり、最終的には無料にもなります。

参加しやすい食品ロス削減の形

さて、みなさんは駅の改札口近くに設置された、自動販売機に似た背の高いボックス**【写真】**を見たことはありませんか。なかには市役所や郵便局、大学構内に設置されている例もあります。

小さな窓からは何種類かの食品やお菓子類が見えるのですが、コイン投入口はありません。

じつはこれ、fuubo（フーボ）と呼ばれる、食品ロス削減を目的とした無人販売機なのです。

食品ロス削減によるCO_2削減もめざして考え出されたシステムで、「インターネット＋無人販売機」を使って消費者と食品事業者をつなぎます。

CO_2削減をうたうのは、ロスとなった食品は、そのまま食べられずに捨てられ、焼却炉で燃やされてCO_2が発生します。食品ができるまでの、生産や製造、運搬で発生するCO_2も換算されますから、食品ロスをなくし、おいしく食べてもらうことで、CO_2の削減にも貢献することができるからです。

消費者は、専用サイトに登録したあと、近くの無人販売機で販売されている商品をネット上で選んで決済、無人販売機でQRコードを示すとドアが開き、商品を取り出せます。商品は定価で購入することになりますが、購入ごとに約100ポイントが付与され、次回購入時から、そのポイントが使えます。

食品事業者は、希望小売価格の2割から4割（残り賞味期限による）で提供しますが、廃棄する予定だった商品の販売が可能となるため、食品廃棄にかかる費用の軽減でバランスがとれます。

中学生のみなさんも、塾でちょっと食べるおやつで食品ロス削減に貢献できるかもしれませんね。

The most Advanced Sciences Navigation 030

マナビー先生の

最先端科学ナビ

FILE No.030

耐雷ドローン

人身事故や設備の損傷など 雷の被害年間1000億円

理科の授業で、アメリカのベンジャミン・フランクリン（1706—1790）の雷実験の話を聞いたことがあるかな？ 凧を使って雷が電気であることを初めて突きとめた人だ。タコ糸を通じて、ライデン瓶に静電気をためる実験をしたんだよ。

じつは、このフランクリンの雷実験は、そののち検証しようとして、たくさんの人が命を落とすなど、大変危険な実験として知られている。

そんな危険な実験だけれど、いままた同じような実験を始めた研究者たちがいる。NTT宇宙環境エネルギー研究所と岐阜大学が組んだチームだ。凧ではなくドローンを使っているので、危険性は少しは軽減しているとはいえ、なんでこんな実験を始めているのだろうか。

雷が落ちるのは嵐のときが多いし、突然だったり、いつ、どこに落ちるかは正確にはわからない。

ゴルフ場では落雷で人が感電死する事故も起こっているし、様々な設備が損傷したり電気製品が使えなくなってしまうことも多い。

とくにコンピュータと雷は相性がよくない。一瞬にして起こる停電や、雷サージ（雷によって発生する一過性の高電圧や過電流）が、コンピュータの故障を引き起こすからだ。

国内の落雷による被害額は年間約1000億円に達しているともいわれている。コンピュータに囲まれている現代では、雷対策はより重要になってきているわけだね。

高いビルには避雷針がついているよね。避雷針は、雷を誘導して落雷したときの強烈な電流を地中に流す仕組みだけど、じつは冒頭で紹介したフランクリンの発明品でもある。

フランクリンの実験の凧には、雨で破れないよう、紙の代わりに絹の布を張っていたという。いま研究者たちが進めている雷研究用のドローンも色々な雷対策を施して、「耐雷《たいらい》ドローン」と名づけられている。

雷をとらえる危険な実験に いま挑んでいる研究者たち

電化製品ともいえるドローンの機体には、小さなコンピュータなどが積まれているので、雷が近くで発生しただけでも影響を受けて飛行できなくなる。しかし、耐雷ドローンは雷の直撃に遭っても飛び続けることができる。

耐雷ドローンは機体全体を「ファラデーケージ」と呼ばれるアルミ製の細いパイプで囲っている。傘の骨でできた鳥かごを被せてあるようなイメージだ。このファラデーケージが、雷からの強い電流や、発生する磁界などからドローンを守る仕組みだ。

マナビー先生

大学を卒業後、海外で研究者として働いていたが、和食が恋しくなり帰国。しかし科学に関する本を読んでいると食事をすることすら忘れてしまうという、自他ともに認める“科学オタク”。

雷を危険の少ない場所に誘導して落としてしまう

この耐雷ドローンを使って、人や施設にアクシデントが起きない場所に雷を誘導して落としてしまおう、というのが、研究者たちが挑んでいるプロジェクトだ。

実験は石川県の内灘海岸で行われている。日本でも有数の雷銀座と呼ばれる場所の1つだ。

雷は雲のなかで生まれた氷の粒がこすれあうことで静電気がたまり、それが空中を通って地上へと流れる現象だ。実験で意図したところに雷を落とすためには、まずは雷が多く発生する場所を選び、電気の通りやすい道を作ってあげる必要があるんだ。

それを耐雷ドローンで試みている。耐雷ドローンのフレームにつけられた避雷針に雷を呼び込み、雷の電流を海面まで垂らしたワイヤーを通して流すことを想定して、日々挑んでいる。

暗い雨雲が出てきたら、被雷しても安全な車に計測器を積み、耐雷ドローンを操縦しながら海岸で待機する。ドローンに取りつけられたセンサーで雷雲の電界が高まったタイミングを狙って、ドローンにつけていたワイヤーを海中に向けて投下する。ワイヤーの先を海に落とすことで電流の道を作り、その瞬間、雷を誘発、海面に誘導するという試みだ。

2022年2月の実験で、落雷が発生する前段階の現象である「ストリーマ放電」特有のパルス電流を観測することに、初めて成功した。

耐雷ドローンを使って、雷を海などに意図的に落とすことができれば、落雷事故を大幅に減らすことができる。(©k_yu/PIXTA)

いまも初めてのことが続いているとはいえ、当初は、ドローンが墜落、大破してしまうアクシデントもあった。嵐のなかの実験になることも多く、強い風に雨や雪が降るなかでの実験だから、なかなか思い通りには進まないという。

そこで、いつ、どこで雷が発生するかを予測する「落雷予測技術」の研究も同時に始めた。スーパーコンピュータ「富岳」を使った数値シミュレーションを行い、雷の挙動の研究が進んでいる。

将来は、耐雷ドローンが並ぶ基地を作り、バッテリーやワイヤーの交換が自動化され、雷を予測したらドローンが飛んでいき、ドローン自身が意図的に、雷を指定した場所に落として基地に戻ってくる、そんな姿を夢見ながら、きょうも実験は続けられている。

研究が実を結び、落雷の被害が少しでもなくなる日がくるといいね。

main.py

```
value = [34, 15, 50, 100, 60, 88, 51, 78, 85, 1 ]

print(value)

topPos = 0

maxPos =  topPos
checkPos = topPos + 1

while(checkPos < len(value)):
    if(value [maxPos]  < value [checkPos] ):
        maxPos = checkPos
    checkPos = checkPos + 1

print("最大値の位置 = ",maxPos)

tmp = value [topPos]

value [topPos] = value [maxPos]
value [maxPos] = tmp

print(value)

topPos = topPos + 1
maxPos = topPos
checkPos =  topPos + 1
while(checkPos < len(value)):
    if(value [maxPos]  < value [checkPos] ):
        maxPos = checkPos
    checkPos = checkPos + 1

print("最大値の位置 = ",maxPos)

tmp = value [topPos]
value [topPos] = value [maxPos]
value [maxPos] = tmp

print(value)
```

>_console

```
[34, 15, 50, 100, 60, 88, 51, 78, 85, 1]
最大値の位置 = 3
[100, 15, 50, 34, 60, 88, 51, 78, 85, 1]
最大値の位置 = 5
[100, 88, 50, 34, 60, 15, 51, 78, 85, 1]
>
```

【図17】maxPosとtopPosの値を同じにする

```
value = [34, 15, 50, 100, 60, 88, 51, 78, 85, 1 ]

print(value)

topPos = 0

while(topPos < len(value)-1):
    maxPos = topPos
    checkPos = topPos + 1

    while(checkPos < len(value)):
        if(value [maxPos]  < value [checkPos] ):
            maxPos = checkPos
        checkPos = checkPos + 1

    print("最大値の位置 = ",maxPos)

    tmp = value [topPos]
    value [topPos] = value [maxPos]
    value [maxPos] = tmp

    print(value)
    topPos = topPos + 1
```

全体の繰り返し

最大値の発見

交換

【図18】完成したソートプログラム

ラム：データの残りが１つになれば調べる必要はないわよね。

よさそうに見えるけれど最後のデータがうまく交換できているのか心配だわ【**図18**】。

ログ：試しに34を０に変えてみようよ。

ラム：よいアイデアね【**図19**】。うまくいっているわ。データを色々と変えてみるのも大事ね。

らくらく先生：今回はこれで終わりにしよう。次回はこれまでの知識を活かして簡単なゲームを作るよ。宿題はなしにするのでWebなどで復習しておいてほしい。

ラム：楽しくなってきました。ありがとうございます。

ログ：まだ繰り返しの部分の発想がうまく浮かびませんが、頑張りたいと思います。ありがとうございます。

（つづく）

```
[0, 15, 50, 100, 60, 88, 51, 78, 85, 1]
最大値の位置 = 3
[100, 15, 50, 0, 60, 88, 51, 78, 85, 1]
最大値の位置 = 5
[100, 88, 50, 0, 60, 15, 51, 78, 85, 1]
最大値の位置 = 8
[100, 88, 85, 0, 60, 15, 51, 78, 50, 1]
最大値の位置 = 7
[100, 88, 85, 78, 60, 15, 51, 0, 50, 1]
最大値の位置 = 4
[100, 88, 85, 78, 60, 15, 51, 0, 50, 1]
最大値の位置 = 6
[100, 88, 85, 78, 60, 51, 15, 0, 50, 1]
最大値の位置 = 8
[100, 88, 85, 78, 60, 51, 50, 0, 15, 1]
最大値の位置 = 8
[100, 88, 85, 78, 60, 51, 50, 15, 0, 1]
最大値の位置 = 9
[100, 88, 85, 78, 60, 51, 50, 15, 1, 0]
>
```

【図19】最小値０を追加して確認

このページは81ページから読んでください。

```
main.py
18
19  value [topPos] = value [maxPos]
20  value [maxPos] = tmp
21
22  print(value)
23
24  topPos = topPos + 1
25  maxPos = 1
26  checkPos = 2
27  while(checkPos < len(value)):
28      if(value [maxPos] < value [checkPos] ):
29          maxPos = checkPos
30      checkPos = checkPos + 1
31
32  print("最大値の位置 = ",maxPos)
33
34  tmp = value [topPos]
35  value [topPos] = value [maxPos]
36  value [maxPos] = tmp
37
38  print(value)
39
```

追加した部分

```
>_console
[34, 15, 50, 100, 60, 88, 51, 78, 85, 1]
最大値の位置 = 3
[100, 15, 50, 34, 60, 88, 51, 78, 85, 1]
最大値の位置 = 5
[100, 88, 50, 34, 60, 15, 51, 78, 85, 1]
>
```

【図15】プログラムをコピーして追加する

```
5   topPos = 0
6
7   maxPos = 0
8   checkPos = 1
9
10  while(checkPos < len(value)):
11      if(value [maxPos] < value [checkPos] ):
12          maxPos = checkPos
13      checkPos = checkPos + 1
14
15  print("最大値の位置 = ",maxPos)
16
17  tmp = value [topPos]
18
19  value [topPos] = value [maxPos]
20  value [maxPos] = tmp
21
22  print(value)
23
24  topPos = topPos + 1
25  maxPos = 1
26  checkPos = 2
27  while(checkPos < len(value)):
28      if(value [maxPos] < value [checkPos] ):
29          maxPos = checkPos
30      checkPos = checkPos + 1
31
32  print("最大値の位置 = ",maxPos)
33
34  tmp = value [topPos]
35  value [topPos] = value [maxPos]
36  value [maxPos] = tmp
37
38  print(value)
39
```

元の部分（5〜22行目）

追加した部分（24〜38行目）

【図16】プログラムの見直し

ソートでも繰り返し構造が使えるよ

ラム：同じことを繰り返すのだからこうやってみるとどうかな？**【図15】**

ログ：前のプログラムをコピーして追加したんだね。コピーして使うのはよくないと聞いたけど、1つ先に進んだことはいいんじゃないかな。

らくらく先生：そうだね。ではプログラム内でほぼ同じことをしているということはどういうことなんだろうか？

ラム：繰り返し構造が使えるということですね。どこに繰り返し構造を書けばいいのでしょうか。

らくらく先生：プログラムの全体を見直してみましょう**【図16】**。

ログ：10行目から22行目と27行目から38行目は同じだからここが繰り返しの部分だ。ということは、topPos、maxPos、checkPosを変えればいいんじゃないかな。繰り返し構造のなかに繰り返し構造がある形にすればいいのかもしれない。

ラム：maxPosの値は7行目で0、25行目で1になっているので、それぞれtopPosと同じ値にすればいいんじゃないの？　まずは繰り返しを使わないで、いまのプログラムで確認してみるわ**【図17】**。

ログ：そうか、7行目に繰り返し構造を追加してみよう。繰り返しの終了条件はどうしたらいいかな？

は、先頭（要素番号0）のデータと入れ替えればいいので、これでいいのかな【**図6**】。あれ変だな。

ラム：置き換えたはずなのに先頭（要素番号0）のデータ（34）が消えてしまったわ。

交換のアルゴリズムを覚えよう

らくらく先生：【**図7**】を見てほしい。模式的になにかが入っている容器を示している。最終的に容器Aと容器Bの内容を入れ替えたい。まず、Bの内容をAにコピーするとAの内容はBと同じになり、もともとのAの内容が消えてしまう【**図8**】。

これでは交換にならないので、別の容器を用意する。ここではtmpという名前にしている【**図9**】。Temporary「仮の」という意味だ。まず、このtmpにAの内容をコピーする【**図10**】。

次にBの内容をAにコピーする【**図11**】。最後にtmpにあるデータをBにコピーするとデータの交換が完了だ。これが交換のアルゴリズムだ【**図12**】。

ラム：おもしろい方法ですね。いま行ったことをプログラムで実行すればいいのですね。変数tmpを定義してtopPosが示しているデータをtmpに退避しておいてから、maxPosのデータをコピーして最後にtmpの値を戻せばいいのですね【**図13**】。

ログ：先頭のデータが最大値になったので、あとは範囲をずらして最大値を見つけて、同じことを繰り返せばいいんですね。理屈はわかったけれど、このあとのプログラムが書けないな【**図14**】。

AとBの交換

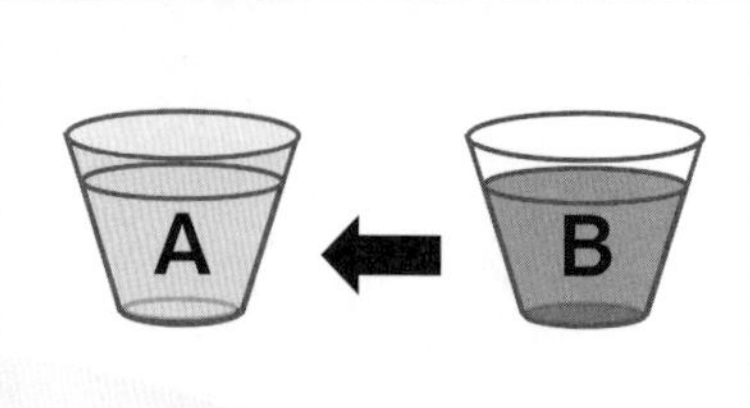

【図7】交換の考え方1

【図8】交換の考え方2

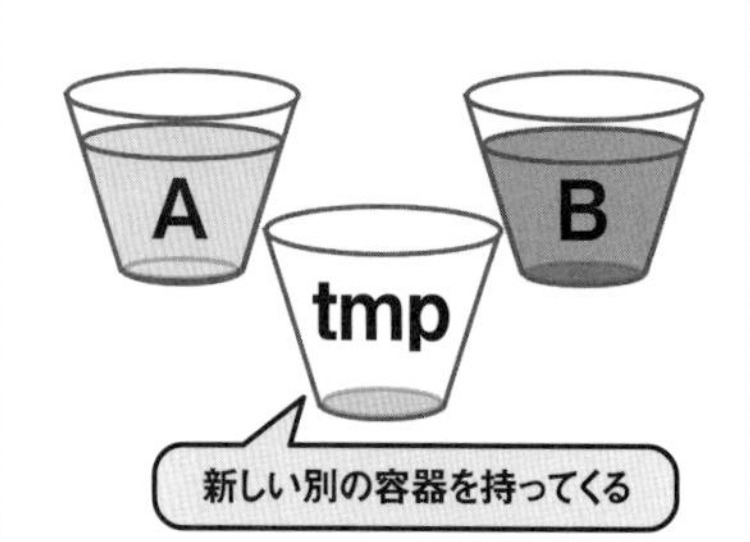

【図9】交換の考え方3

【図10】交換の考え方4

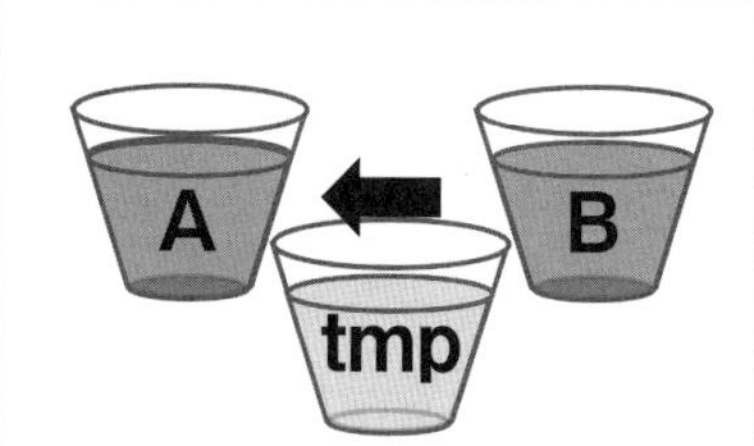

【図11】交換の考え方5

【図12】交換の考え方6

main.py

```
value = [34, 15, 50, 100, 60, 88, 51, 78, 85, 1 ]

print(value)

topPos = 0

maxPos = 0
checkPos = 1

while(checkPos < len(value)):
    if(value [maxPos] < value [checkPos] ):
        maxPos = checkPos
    checkPos = checkPos + 1

print("最大値の位置 = ",maxPos)

tmp = value [topPos]
value [topPos] = value [maxPos]
value [maxPos] = tmp

print(value)
```

>_console

```
[34, 15, 50, 100, 60, 88, 51, 78, 85, 1]
最大値の位置 = 3
[100, 15, 50, 34, 60, 88, 51, 78, 85, 1]
>
```

希望通りに交換

【図13】最大値を先頭　データと入れ替える（完成版）

0	1	2	3	4	5	6	7	8	9
100	15	50	34	60	88	51	78	85	1

範囲を狭くして最大値の位置を探す

【図14】範囲をずらして最大値を探す

77 ページ本文につづく →

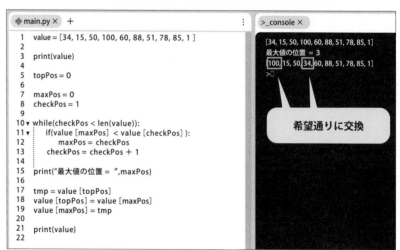

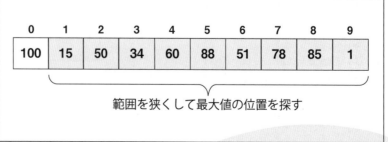

このページは81ページから読んでください。

ラム：体育のときは背の低い順や高い順で並びますね。

ログ：係の順番を決めるときは名前の順番で決めたりしています。

らくらく先生：ラムさんの例のように、並び替えには大きい順番に並べるときと小さい順番に並べるときの2通りがあるよね。大きい順番に並べることを「降順」、小さい方から大きい方に並べる方法を「昇順」というんだ。

それじゃあ、さっそくソート（並び替え）のプログラムを作ってみよう。前回作った最大値を見つけるプログラムを使って、大きい順に並び替えるプログラムを作るよ。まずは【図4】を見てほしい。前回最大値を見つけたときと同じデータだ。このデータの最大値はなにかな？

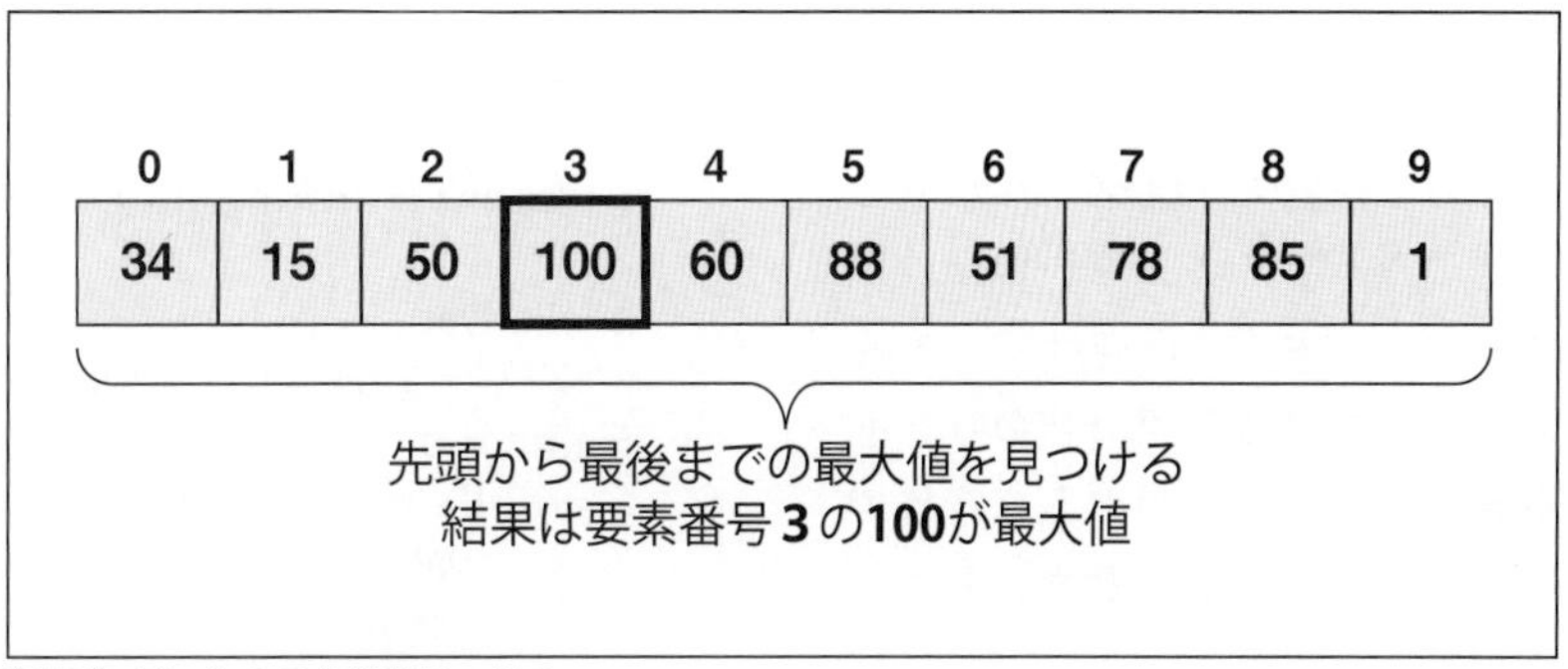

【図4】データの最大値を見つける

ログ：最大値は100です。

らくらく先生：前回のプログラムでは、先頭（要素番号0）の値を仮の最大値とし、要素番号1 (15)から最後の要素番号9 (1)までのなかで最大のデータを見つけることで最大値がわかったよね。

ラム：前回の部分ですね。ここまでは理解しました。

らくらく先生：最大値が見つかると、次はどうすればいいかな。

ログ：最大値を先頭に持ってくるといいと思います。

らくらく先生：その通りだ。前回は変数名として最大値はmax、要素番号はnoを使っていたよね**【図5】**。今回はmaxをmaxPosとしよう。Posは要素番号のposition〈位置〉の意味だね。noもcheckPosに変更するよ。

ラム：ここではmaxPosに0を入れるのですね。前回はvalue[0]を入れていましたが。

らくらく先生：前回まで直接数値を入れていたけど、今回は要素番号を入力してデータの入れ替えを行うので、maxPosには要素番号0を入れているんだ。

ログ：そうなんですね。最大値（要素番号3）を先頭に持っていくに

main.py ×　＋

```
value = [34, 15, 50, 100, 60, 88, 51, 78, 85, 1 ]

print(value)

top= 0

max = 0
no = 1

while(no < len(value)):
    if(value [max] < value [no] ):
        max = no
    no = no + 1

print("最大値の位置 = ",max)
```

>_console ×

```
[34, 15, 50, 100, 60, 88, 51, 78, 85, 1]
最大値の位置 = 3
>
```

【図5】要素番号を使って最大値を見つける

main.py ×　＋

```
value = [34, 15, 50, 100, 60, 88, 51, 78, 85, 1 ]

print(value)

topPos = 0

maxPos = 0
checkPos = 1

while(checkPos < len(value)):
    if(value [maxPos] < value [checkPos] ):
        maxPos = checkPos
    checkPos = checkPos + 1

print("最大値の位置 = ",maxPos)

value [topPos] = value [maxPos]
value [maxPos] = value [topPos]

print(value)
```

>_console ×

```
[34, 15, 50, 100, 60, 88, 51, 78, 85, 1]
最大値の位置 = 3
[100, 15, 50, 100, 60, 88, 51, 78, 85, 1]
>
```

置き換えたつもりなのに
データが消えている

【図6】最大値を先頭データと入れ替える（失敗例）

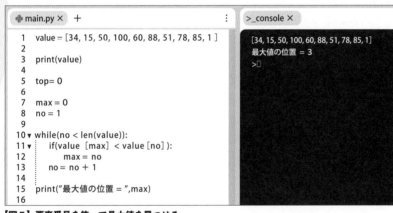

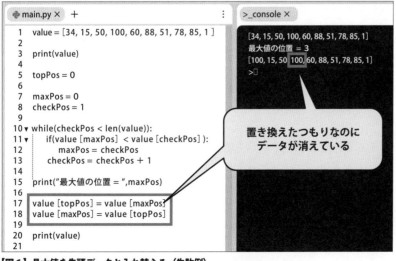

あるのですか？

らくらく先生：プログラムが少し複雑になってくるから、わかりやすくするために1行空けているんだ。ここでは3行目で空のリストを定義して、5行目から9行目でデータを指定された数だけ入力している。

ラム：この部分は前回の講義で勉強したので大丈夫です。空のリストなので、append( )を使って追加していけば先頭からデータがリストに入るのでしたよね。

らくらく先生：そうです。

ログ：11行目からは、noという変数には要素番号の最後の数値が入るように指定することで、繰り返しで要素番号0までを逆順に表示しているのですね。入力部と逆表示部の間を1行空けているのでわかりやすいです。プログラムにこの説明を書いた方がいいのでしょうか？

らくらく先生：これまで例題を色々とやってきてわかるように、プログラムにはどんどん修正が行われていくからそのたびに説明をつけ替えるのは大変だ。古い説明が残っていると間違いの元にもなるしね。だからプログラムを作るときに説明文がなくてもいいような形や変数名を考えておくことが大事なんだ。

ラム：変数名を考えるのは大変だけど、最後にわかりやすいプログラムにするためには必要なことなんですね。

らくらく先生：そうだね。では今回の講義に入っていこう。

main.py

```
1  count = int(input("リストの個数 = "))
2
3  listData = [ ]
4
5  no = 0
6  while(no < count):
7      value = int(input("データ： "))
8      listData.append(value)
9      no = no + 1
10
11 no = count - 1
12 while(no >= 0):
13     print(listData[no])
14     no = no - 1
15
```

>_console

```
リストの個数 = 5
データ：10
データ：20
データ：30
データ：40
データ：50
50
40
30
20
10
>
```

【図3】宿題のプログラムと実行例

「アルゴリズム」でプログラムを実現しよう

ラム：今回は「アルゴリズム」がタイトルになっていますが、アルゴリズムってなんですか？

らくらく先生：アルゴリズムという言葉はひと言でいうと「解法」という意味になるかな。なにかを解決するときに決まった方法があるとすると、その方法を知っておけば問題が解けるよね。それがアルゴリズムだ。君たちはすでに色々なアルゴリズムを知っていて、そのアルゴリズムに従って生活をしているんだよ。

例えば電車やバスに乗るときはどうしているかな？

ログ：交通系ICカードで料金を支払って乗車しています。

らくらく先生：そうだね。交通系ICカードをかざすと「ピッ」という音が出てお金を支払ったことになるよね。これも電車やバスの乗り方のアルゴリズムなんだ。最初の回に話した歯磨きの方法もアルゴリズムだ。ある決まりごとを実行することで、目的を達成することができる「方法や手段」のことをアルゴリズムという。前回もアルゴリズムを使ったプログラムを作っているよ。

ラム：最大値を見つける方法がアルゴリズムですね。先ほどの宿題もアルゴリズムですか？

らくらく先生：そうだね。これまで勉強してきた制御構造、順次構造、繰り返し構造、選択構造を使えば色々なアルゴリズムをプログラムで実現できるんだ。今回はそのなかでもプログラムを作るときに必ず出てくる「ソート」について勉強してみよう。

「ソート」を使ってデータを並び替えてみよう

ログ：「ソート」ってなんですか？

らくらく先生：ソートとは「並び替え」のことだ。並び替えることは様々な機会で必要になってくる。学校でも色々な並び替えがあるんじゃないかな。

79ページ本文につづく➡

for 中学生
らくらくプログラミング

プログラミングトレーナー　あらき はじめ

第8回

プログラム作りは楽しいって、思えてきましたか。誌面のラムさん、ログくんも、その楽しさがわかってきたそうです。ラムさん、ログくんの疑問に、らくらく先生が答えながら、解説していきますので、みなさんも2人といっしょに楽しみましょう。

解説部分は下のQRコードからWebページの【第7回】に入れば、誌面とリンクした内容で、さらに学びを深めることができます。

URL : https://onl.sc/ZcvJg5V

あらき はじめ　昨春まで大学でプログラミングを教えていた先生。「今度は子どもたちにプログラムの楽しさを伝えたい」と、まだまだ元気にこの講座を開設。

画像：Turn.around.around/ PIXTA

「アルゴリズム」を学ぼう

らくらく先生：こんにちは。今回も楽しく勉強していこう。まずは前回の解答から始めるよ。**【図1】**の結果になるようにプログラムを書く問題だったね。

ログ：はい、データ入力部分はすでにできているので、逆順に表示する部分を作るんですよね。入力後のリスト内のデータと要素番号の関係を図にしてみました**【図2】**。

ラム：要素番号が０から始まり、４で終わっていることが大事なんですね。それと要素番号は、リストの個数（要素数）に影響されるので、注意が必要です。

らくらく先生：そうだね。リスト内のデータの個数を５と指定すると要素番号の最後は、５－１＝４になることをしっかりと理解しておいてほしい。図を書いてくれたおかげでしっかりと要素番号とリストの個数の関係がわかったと思う。

プログラムを検査するときも、違った数値を入れてみて正しく動くかどうかを調べるといいね。解答例を**【図３】**に示すよ。

ログ：４行目や、10行目が空いていますが、これにはなにか意味は

```
リストの個数＝５
データ：10
データ：20
データ：30
データ：40
データ：50
50
40
30
20
10
>
```

【図１】宿題の完成後の実行例

要素番号	リスト内データ
0	10
1	20
2	30
3	40
4	50

【図２】宿題のリスト内のデータと要素番号の関係

※記事ではPythonで説明。ほかの言語を使用する際は、上記のWebページよりそれぞれ参照

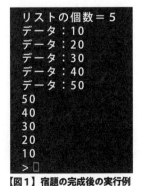

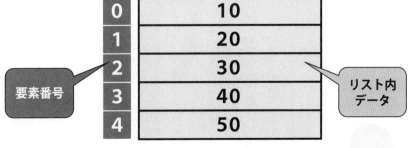

Why? What!

なぜなに科学実験室

このページは、中学生のみなさんに身の周りにある「科学の種」に触れていただくために、自分で、またお友だちといっしょに挑戦できる簡単な実験をご紹介するページです。

私たちの周りには、じつは不思議な現象があふれています。ところがそれを「当たり前のこと」ととらえ、「えっ、これって不思議なことなの？」と見過ごしてしまうことも多いのです。先入観にとらわれ、科学の種を見逃してしまうのは、とても残念なことです。

今回は不思議な「波の性質」を味わうための実験です。波の性質は高校の物理で取り上げられ「難しい」と感じる生徒も多い単元です。いま、手作りの実験でその性質を実感してしまいましょう。

ウェーブマシーン

みなさん、こんにちワン！「なぜなに科学実験室」の案内役、ワンコ先生です。

今回の実験は「ウェーブマシーン」を手作りしてしまおうという実験だ。できあがったあと、波の美しさに見とれてしまうし、その不思議さに魅了されてしまうよ。作り上げるまでは、ちょっとした根気と時間が必要だけど、お友だちとの共同作業で挑戦すれば、アッという間だよ。

ワンコ先生

1 用意するもの

❶緩衝材（いわゆるプチプチ）
❷はさみ
❸サインペン
❹セロハンテープ
❺竹ひご（150～200本）
❻ハンガー
（プラスチックなど軽量のもの）

※竹ひごは100円ショップ（手芸コーナーなど）で手に入ります。パスタ（乾麺）やストローでも代用できます。

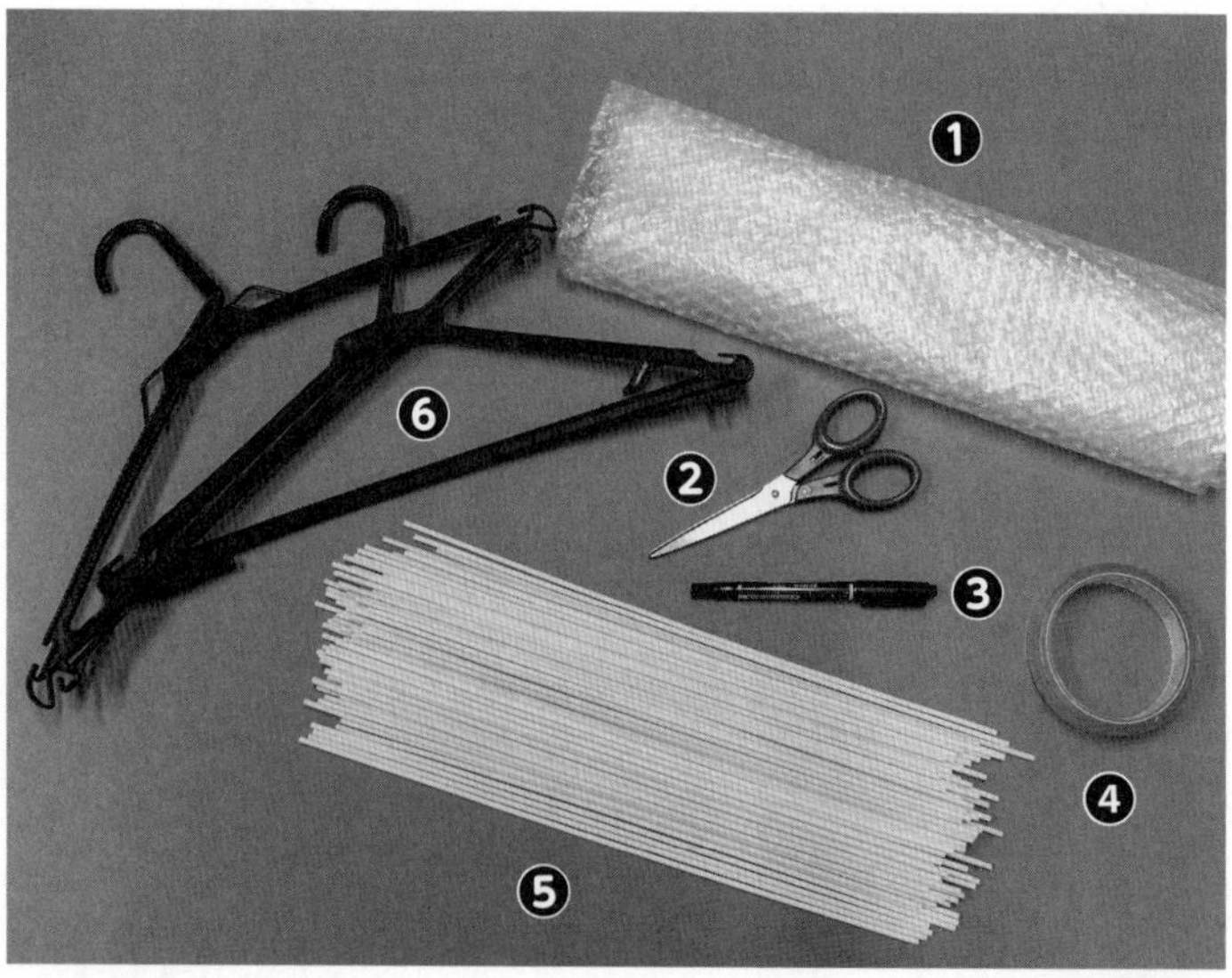

2 竹ひごを貼りつけるための準備

プチプチの短辺を竹ひごの長さに合わせ長方形に切り取ります。長辺は50～60㎝とします。そして写真のように、長方形の中央にサインペンでセンターラインを引いておきます。

※プチプチには目があります。写真左上白線で示したようにプチプチの谷間の上下が直線になるようにします。写真左下のような目になるとうまくいきません。

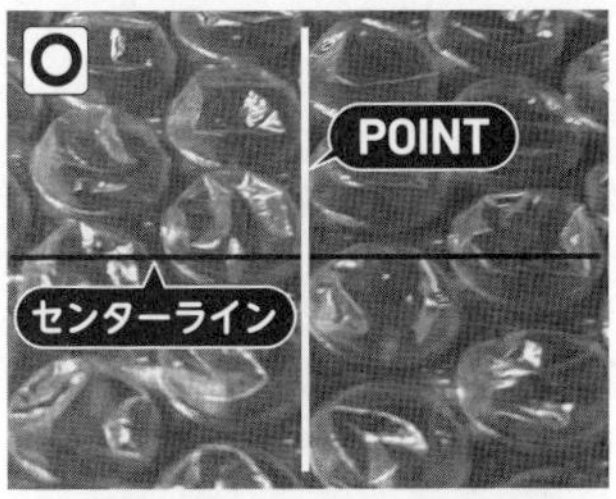
O
POINT
センターライン

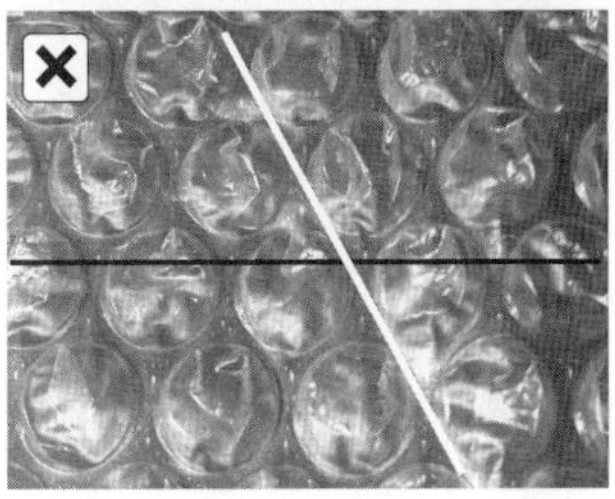
×

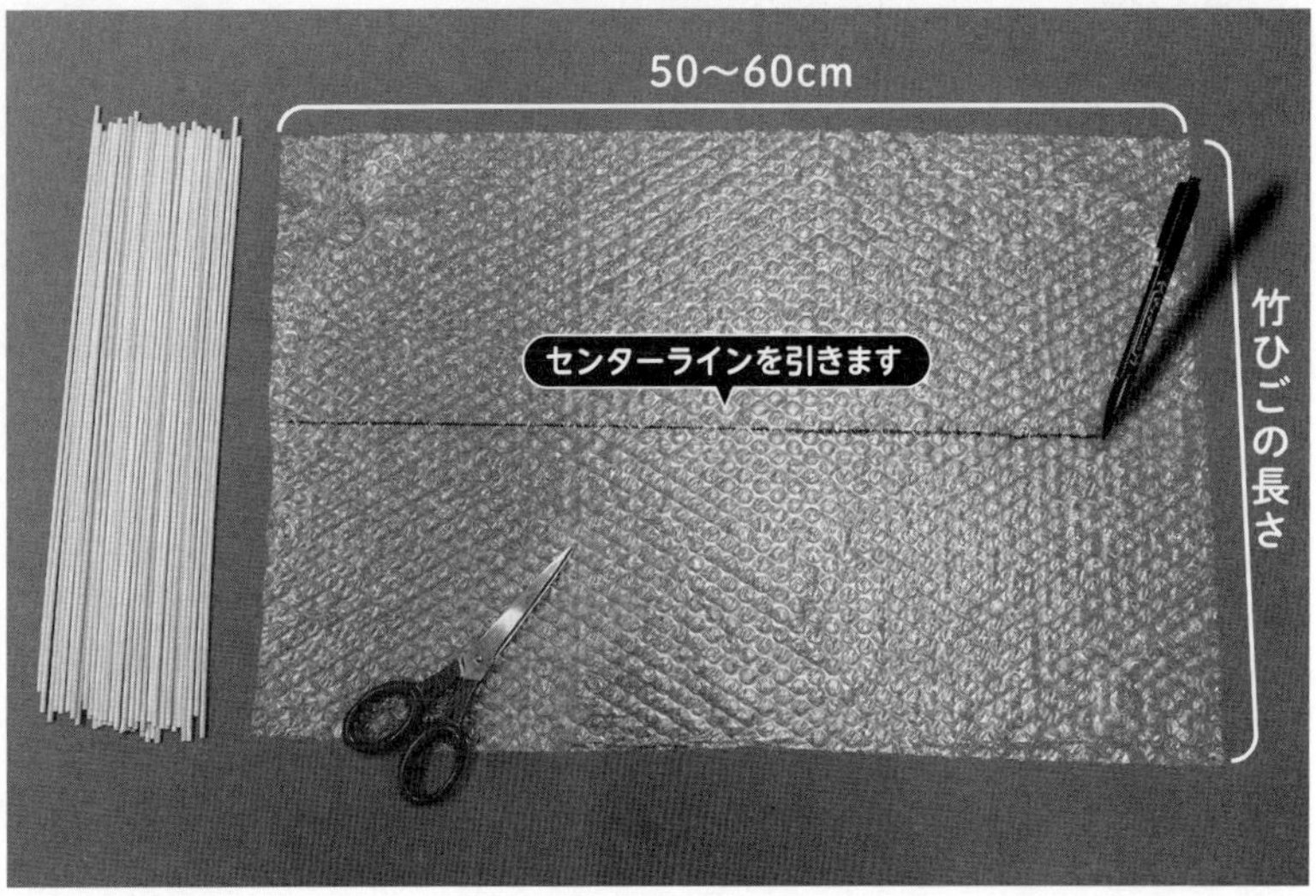
50～60cm
センターラインを引きます
竹ひごの長さ

3 粘着面を上にしてテープを置く

セロハンテープを粘着面が上になるようにして、プチプチのセンターライン上に置きます。セロハンテープがずれないようにテーブルの端に留めておきます。

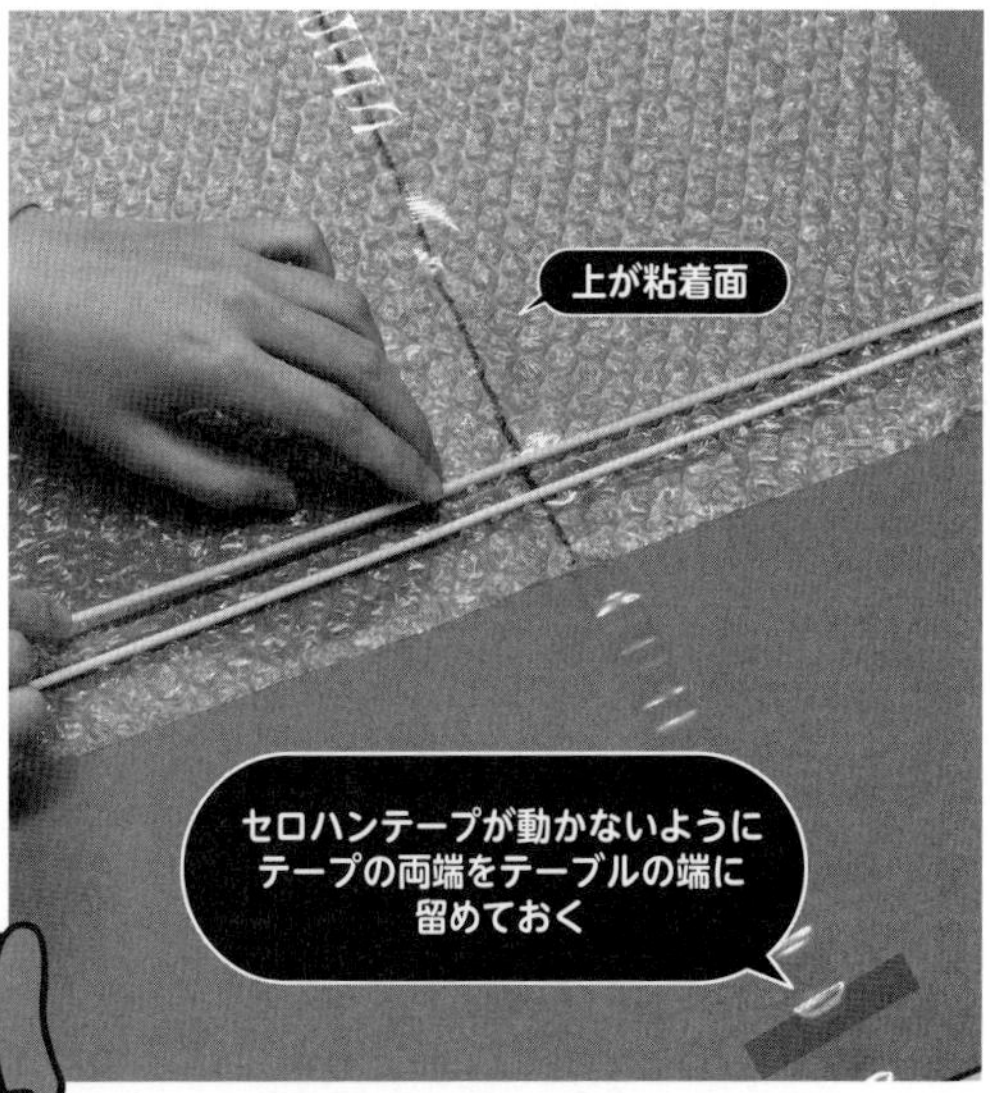
上が粘着面
セロハンテープが動かないように
テープの両端をテーブルの端に
留めておく

4 竹ひごを貼りつけていく

竹ひごをプチプチの谷間ごとに貼りつけます。セロハンテープの部分をしっかり留めます。竹ひごは隣同士、両端がそろうようにします。プチプチの谷間は約1㎝間隔です。

なるほど！
均等な幅(約1㎝)を
空けるために
プチプチを使うの
じゃな

5 一面ごとに上からも留める

プチプチの一面を貼り終えたら、上側からもセロハンテープで留めます。次に下に敷いたプチプチをずらして移動させ、貼り進めます。

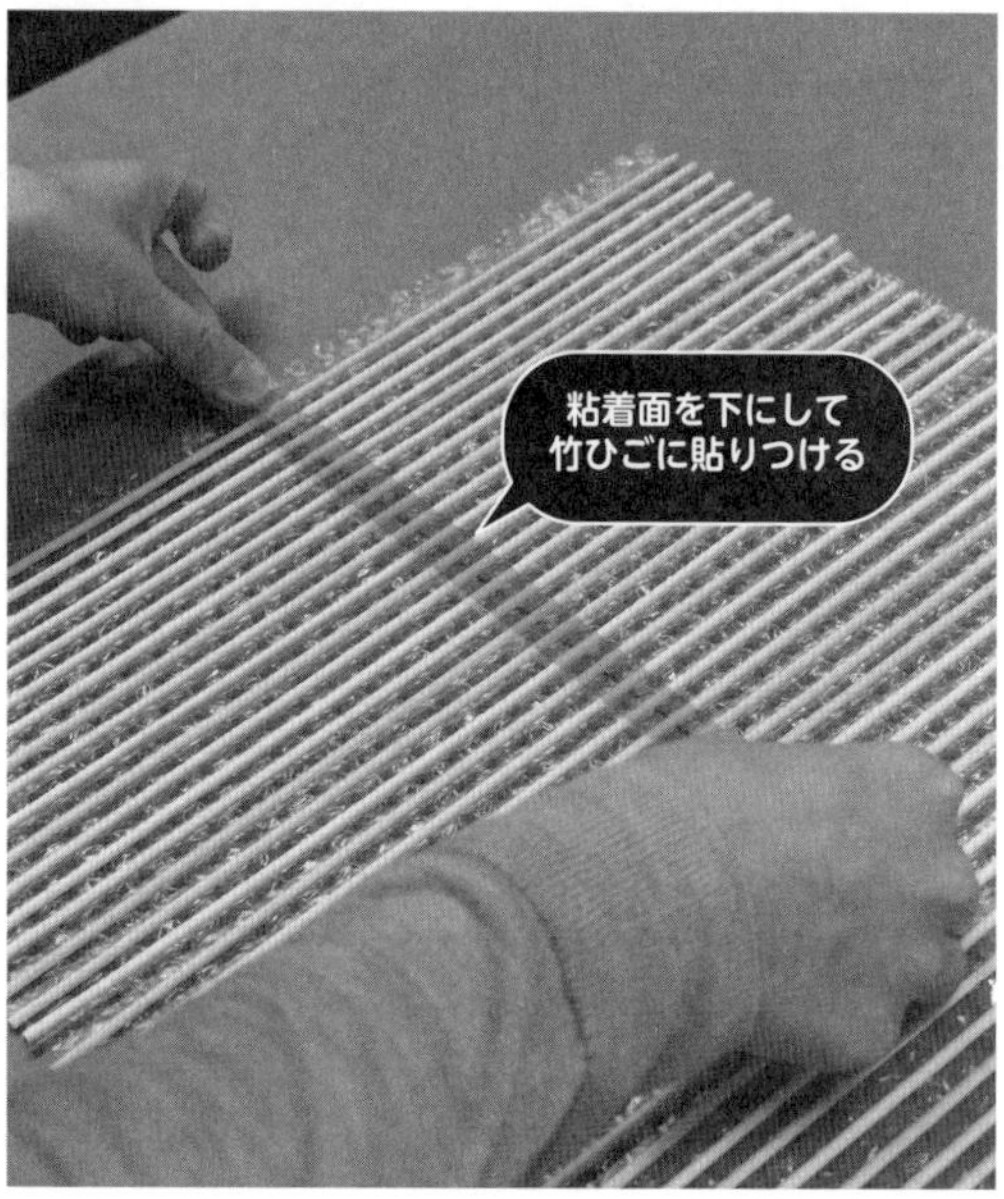
粘着面を下にして
竹ひごに貼りつける

6 上下のテープを押さえておく

竹ひご200本を貼り終えると約２m、150本なら１m半になります。竹ひごがずれないよう、上下のセロハンテープを再度しっかり押さえておきます。

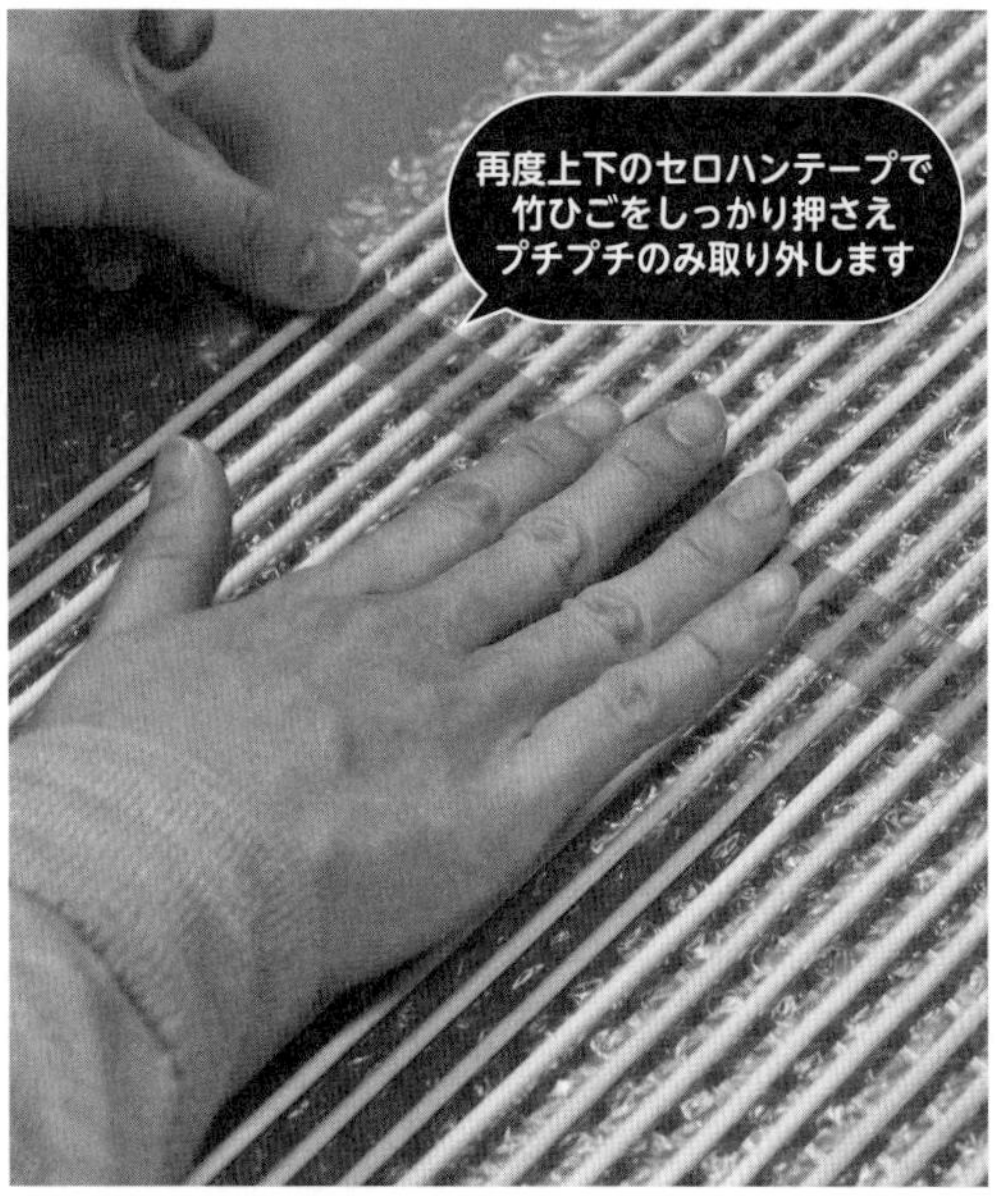
再度上下のセロハンテープで
竹ひごをしっかり押さえ
プチプチのみ取り外します

7 ハンガーを取りつける

両端のセロハンテープにハンガーを取りつけます。ぶら下げるので、片方は上部の取りつけ用、片方はオモリになります。手作りウェーブマシーンのできあがりです。プチプチは取り外します。

8 天井からぶら下げる

絡まったり、セロハンテープが切れないように注意しながら、片方のハンガーを天井などにぶら下げます。

9 一番下の竹ひごを動かす

一番下の竹ひごを少しだけひねってみると、上に向かって次々と美しい波模様が伝わっていきます。

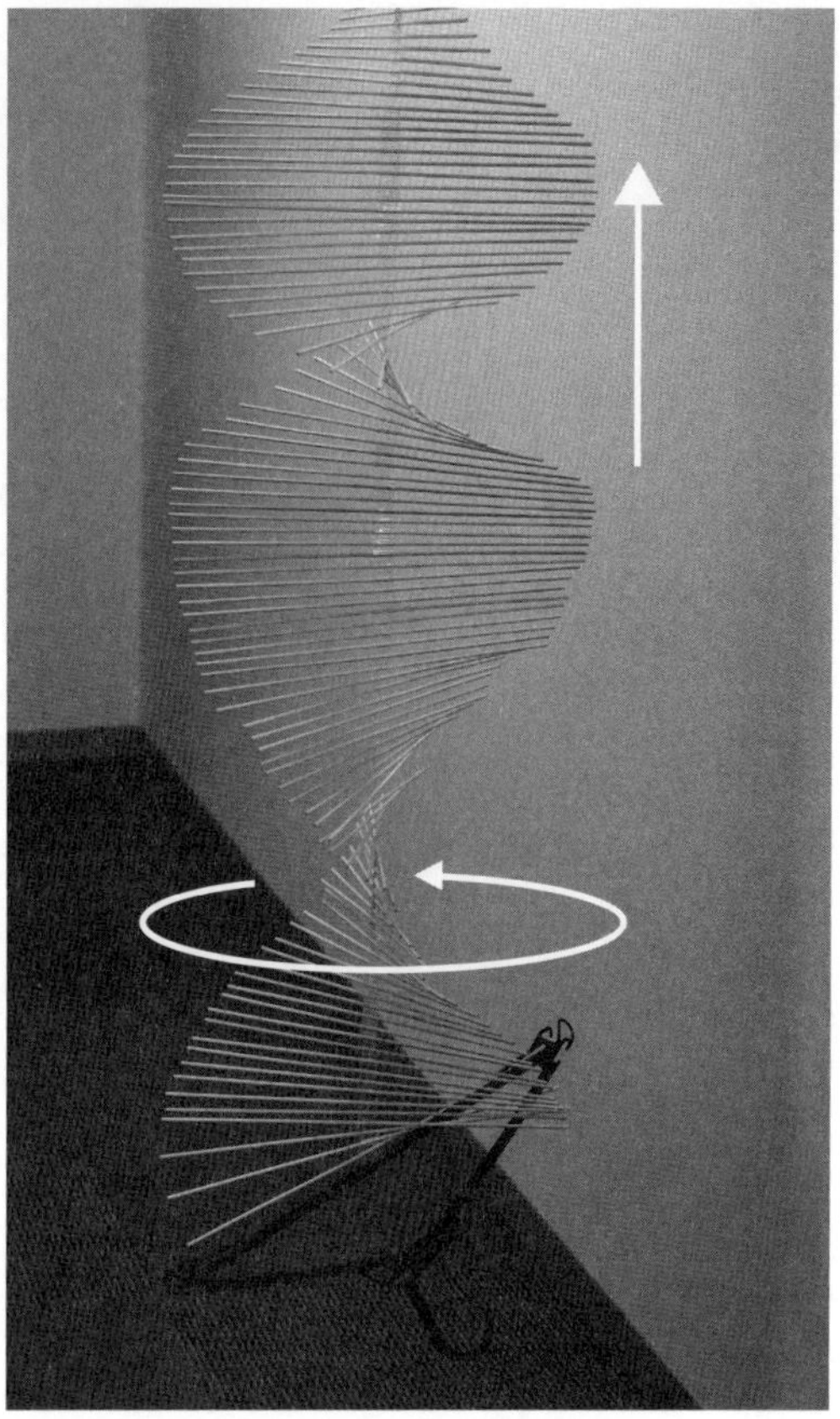

10 波は上から戻ってくる

波は一番上まで伝わると、今度は天井で反射したように下に向かって戻ってきます。

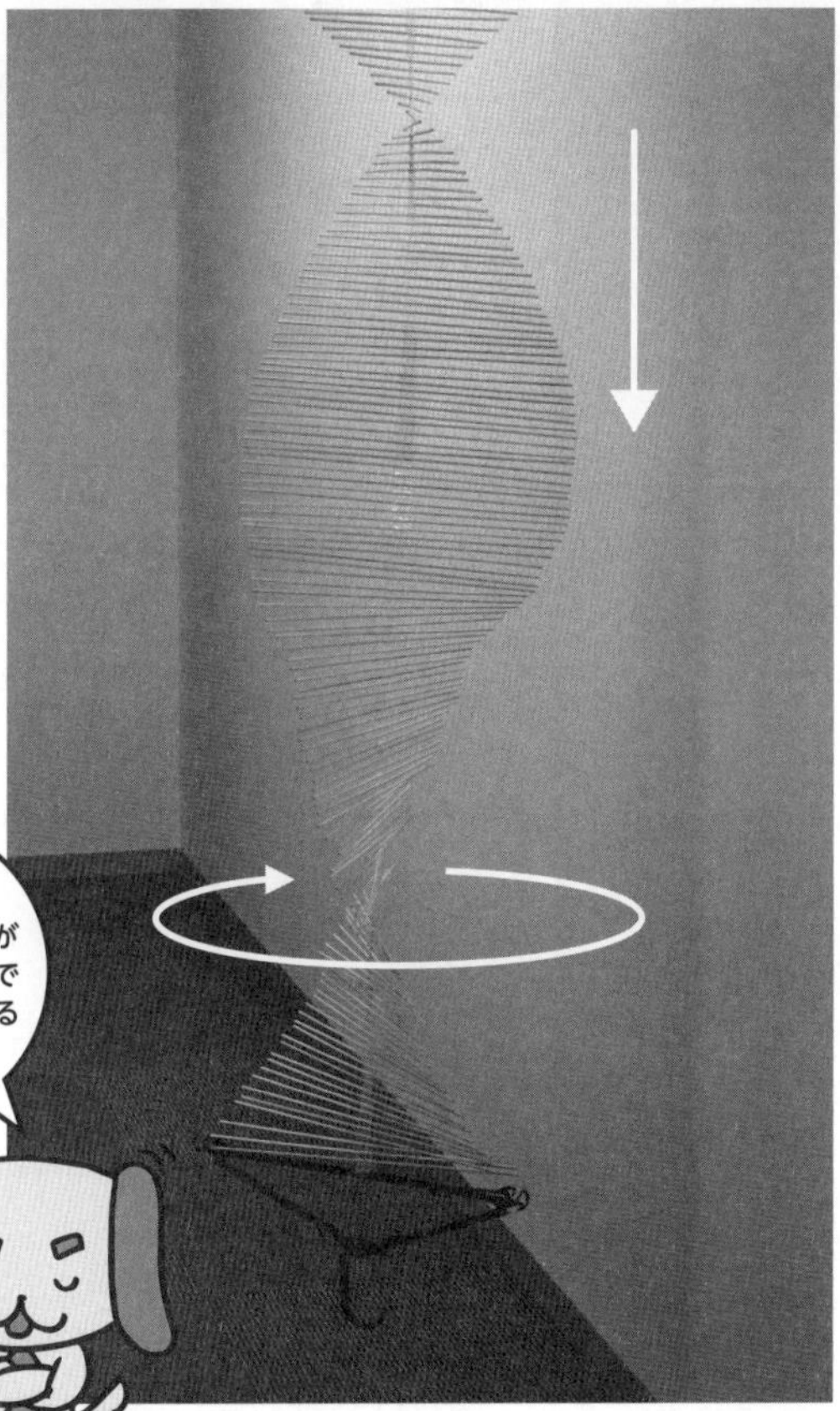

不思議じゃ〜。
まるで、竹ひごが
移動して進んで
いくように見える
けど……

解説

動きが次々に隣の竹ひごに伝わる

竹ひごはその場で回転しているだけ

下端の竹ひごをひねるように動かしてみましょう。セロハンテープのねじれが順番に伝わって、色々な波が観察できます。全体の動きを見終わったら、今度は、竹ひごの1本だけをしっかり見てみましょう。どのように動いていますか。

見た目は波が移動していくようにも見えますが、竹ひごの1本1本はセロハンテープを中心に回転しているだけです。竹ひごが上下に移動していくわけではありません。

1つの場所に起こった変動が、次々にほかの場所に伝わる現象を「波」または「波動」といいます。

水面に生じる波のほかに、音波や電波、光なども、振動が波となって空気を伝わっているものです。

水面に起こる波は、竹ひごと同じように、その1点に注目するとそこにある水が上下に動いているだけです。ただ、セロハンテープの役目をする隣の水分子が、次の水に動きを伝えて波になります。

音波や光は空気がセロハンテープの役目をしています。

波を伝えるもの、つまり、前述のセロハンテープや、水分子、空気などを「媒質」といいます。

自然界で起こる波（波動）は、媒質が空気のために目に見えなかったり、まるで水が移動していくように見えるため、その実像が見極めにくいのですが、こうしてウェーブマシーンで観察することで実感できます。

これらの動きは、誌面の写真だけではお伝えしきれませんので、下のQRコードから、動画をご覧ください。

詳しくは高校の物理で学びます。

動画はこちら▶

ウェーブマシーンが動く様子は、こちらの動画でご覧ください。

そうだったのか！

中学生のための経済学

高橋是清の生涯と功績

山本 謙三

オフィス金融経済イニシアティブ代表、前ＮＴＴデータ経営研究所取締役会長、元日本銀行理事。

「経済学」って聞くとみんなは、なにか堅〜いお話が始まるように感じるかもしれないけれど、現代社会の仕組みを知るには、「経済」を見る目を持っておくことは欠かせない素養です。そこで、経済コラムニストの山本謙三さんに身近な「経済学」について、わかりやすくお話しいただくことにしました。今回は国民から「ダルマさん」の愛称で親しまれた、高橋是清のお話です。

高橋是清は江戸時代の末期に生まれ、昭和初期まで経済界と政界で活躍した偉人です。波乱万丈な生涯と業績をたどるとともに、その経済思想を振り返りましょう。

外貨の獲得に奔走する

１８５４年、徳川幕府の御用絵師の家に生まれた是清は、生後すぐに仙台藩の足軽である高橋家に里子に出され、のちに養子となります。１８６７年、藩の命によりアメリカ・サンフランシスコに旅立ちます。留学が目的でしたが、手違いで学校に通うどころか奴隷のような生活を強いられます。日本ではその年、江戸幕府第15代将軍の徳川慶喜が大政奉還を行い、翌年には明治維新が起こります。

帰国した是清は20代後半まで、英語教員や共立《きょうりゅう》学校（現開成中学校・高等学校）校長、文部省（現文部科学省）の役人、株式仲買商などの職を転々としました。そして１８８５年、農商務省（現農林水産省と経済産業省）工務局に設けられた専売特許所（のち特許局、現特許庁）の初代所長となり、わが国の特許制度の整備に尽力します。１８８９年にはペルーの銀山経営に参画するため、休職して海を渡ります。ところがこれが詐欺だとわかり、経営を断念して帰国。特許局も辞職しました。

１８９２年、日本銀行（以下、日銀）の川田小一郎総裁から誘いを受け、是清は日銀に入行します。金融の知識と経験を広げ、１８９５年に横浜正金銀行（現三菱ＵＦＪ銀行）に移り、その後同行の副総裁となります。１８９９年には日銀に副総裁として復職。日露戦争前夜には政府から特命を受け、日本の外

債発行に奔走しました。

外債とは、外国市場から資金を調達する際に発行するものです。当時の日本は戦艦や物資を海外から購入していたため、外貨の調達が必須でした。しかし、弱小国の日本に資金を出す外国の金融機関はなかなか現れません。苦労の末、1904年の開戦直後に、ロンドンとニューヨークの両市場で外債発行に漕ぎ着けました。この成功がなければ、日本は日露戦争を継続できなかったといわれています。

昭和恐慌から日本を救う

1911年、是清は日銀の総裁になります。そして1913年の大蔵大臣就任とともに政界に入り、その後はおもに、政界に身をおきました。1921年には第20代内閣総理大臣に就任。翌年に内閣総辞職をしたあとも、多くの首相のもとで大蔵大臣を務めました。

業績のなかでとくに有名なのは、昭和恐慌の対策として組まれた1932・1933年度の積極予算と、1934・1935・1936年度の緊縮予算の編成です。

1929年10月、ニューヨーク株式市場の暴落に始まった世界恐慌は、日本経済にも打撃を与えました。1930年に政府が実施した金解禁の施策は、金本位制を採用することで大国の一員と認めてもらう狙いがありましたが、おりからの世界恐慌で大量の金の国外流出を招き、景気が落ち込みました。これがいわゆる昭和恐慌です。

1931年、犬養毅内閣で大蔵大臣に就任した是清は、ただちに金輸出を再禁止します。翌年の齋藤實《まこと》内閣でも留任し、財政支出※の大幅拡大を実施しました。財政資金は、日銀による国債引き受け（市場を介さず、中央銀行が国から直接国債を買う取引をすること）で賄いました。財政面からの支えを受け、日本の景気は世界でもいち早く回復したのです。

ただ、彼はもともと「健全財政」の理念の持ち主で、際限のない財政支出の拡大を強く警戒していました。これをあくまで昭和恐慌に対する緊急避難的な措置と位置づけ、景気が回復した1934年度から1936年度の予算では、支出抑制を主軸とする緊縮的な編成を行いました。しかし、軍備拡張を主張する軍部が強く反発し、激しく対立し始めます。

1936年2月26日、陸軍の一部将校によるクーデターが起き、是清も凶弾に倒れました（二・二六事件）。若いころから一貫して健全財政を信念としてきましたが、道なかばにして81年あまりの生涯を閉じました。

金融・財政政策はどうあるべきか

二・二六事件後、日本は軍備拡張への歯止めを失い、太平洋戦争へと突き進んでいきます。戦前・戦中に発行された大量の国債は、戦後の物価暴騰により「紙きれ同然」となりました。こうした失敗を繰り返さないよう、戦後、財政規律の尊重がうたわれ、日銀による国債の引き受けは法律で禁止されました。

好・不況の波に応じて機動的に財政政策を講じることは、いまも適切と考えられています。しかし、いったん財政規律が失われ、国債への依存が進むと、人々の財政支出拡大への期待は高まり続け、規律を取り戻すのは大変難しくなります。長期的な視点で考えて、どのような金融・財政政策が適切なのか。彼の生涯はいまも私たちに問いかけています。

※公共事業の施行の対価や、家計や企業へ給付金として、政府がお金を支払うこと

淡路雅夫の

中学生の味方になる子育て 第7回

楽しむ 伸びる 育つ

profile 淡路雅夫（あわじ まさお） 淡路子育て教育研究所主宰。國學院大学大学院時代から一貫して家族・親子、教育問題を研究。元浅野中学高等学校校長

中学校卒業を機に その学びを検証する

3月は卒業の季節。高校での生活も楽しみですね。そこで今回は、義務教育での生活を締めくくるため、過去6回の内容も振り返りながら高校生活への展望をお話しします。

まず、中学校生活で学んでおきたかったポイントをみてみます。保護者の指示がなくても主体性を持って自分で考え、行動できるようになったでしょうか。あるいは、色々な体験をするために時間の使い方を工夫し、自分で生活の段取りやスケジュールを考えられるようになりましたか。

とくに後者、生活習慣の段取りは急には身につきません。三日坊主で終わることも多かったと思います。それでもよいのです。大事なことは、三日坊主でもよいから繰り返すこと、諦めないこと、続けること。その訓練が習慣作りにつながります。

生活リズムや生活習慣が整ってくると、学習面でも結果が出てくるはずです。学習面については、なんといっても基礎力を培うことが大切でした。基礎力は、みんなが正解する正答率の高い問題や、どの問題集にも出題されている問題を読み解くことで身につきます。

基礎力をマスターするにも繰り返しが有効です。基礎力を問われる問題は、じつは1回読めばわかるような問題が多いのです。しかし、すぐに忘れてしまいます。中学生対象の復習塾が多くなってきているのは、この点のチェックが重要なことがわかっているからです。

いま、中学生の学習内容は増加するばかりです。だからこそ復習に重点をおくのが当然の学習スタイルです。復習という勉強の仕方を身につけることで、基礎力という土台ができ試験で点数が取れるようになります。そうすれば安定的に教科の偏差値も上がってきます。

人間関係の構築が 高校以降にもつながる

次に、友だちとの関係性についてです。学校行事や部活動を通じて人間関係の作り方を体験してきました。小学校では「お友だちをたくさん作りましょう」と指導されますが、中学生の対人関係は複雑で、そう簡単にはいきません。だれにでも気の合う人や気の合わない人がいるものです。人間はそれぞれ多様な価値観を持ち、様々な生活様式のなかで育っているからです。

中学校では多様性のある人間同士が触れあい、ときにはぶつかりあいながら人と人との関係性を育みます。

中学時代の人間関係を通して、人とのかかわり方を学ぶことが必要であり、大切なのです。

学校行事や部活動は、単にイベントや楽しい趣味の体験ではありません。その目的は、いっしょに活動する仲間とどのようにつきあったらよいかを考える、対人関係の学びなのです。そこには友だちの性格や特徴を知る機会があり、それを鏡のようにして自分の性格や個性を知る機会にもなります。

自分と意見の合わない人を切り捨てて、自分に都合のよい人ばかりとつきあっていても真の友だちはできません。人とどのようにつきあえばよいかを考える学びで身につくのが、「コミュニケーション力」でした。

相手の話をよく聴くこと、自分の言葉で伝える方法や伝え方などの工夫が重要だということもお話ししてきました。

このコミュニケーション力は、今後の人との出会いにも影響を与えます。人間は、自分とは異なる生活をしている人から、助言や支援を得てこそ、学び、成長するものです。

ここまで、中学校生活の特徴とその学び方を振り返ってみました。しかし、多感な中学校生活を思い通りに送ってきた人は少ないと思います。

中学校の卒業に際し「頑張っても人の生活は思い通りにいかないことも多い」と知り、それが当たり前だと気づいてほしいと思います。その認識こそ、これからの高校生活や大学受験に向けたモチベーションの原動力になるからです。

これから、モデルのない不確実な社会で、自分らしくて多様な人生を送るための、高校でのキャリア教育が始まります。

高校生活での課題は、自己の興味ある分野の能力を磨き、それを実現するための学習に集中し、社会で自分らしい居場所を探すことです。

そのために、保護者は、子どもが関心を持って集中していることを、つねにポジティブに受け止め、その能力を伸ばす環境作りをすることがポイントです。

次回は「18 歳成人」と子どもの教育についてお話ししたいと思います。

〈つづく〉

PICK UP NEWS
ピックアップニュース！

G7広島サミットのロゴマークを発表し、記念撮影する（左から）松井一實広島市長、制作者の草野敬一さん、岸田文雄首相、磯﨑仁彦官房副長官（2022年12月21日・首相官邸）写真：時事

今回のテーマ

広島サミット

主要7カ国首脳会議（G7サミット）が5月に広島市で開かれます。日本で開催されるのは7年ぶり7回目で、広島では初めてです。7カ国は日本、アメリカ、イギリス、フランス、ドイツ、イタリア、カナダです。それにEU（欧州連合）が加わります。首脳だけでなく、外相や財務相、中央銀行総裁による会議や関連閣僚の会合も行われる予定です。

G7サミットは1975年、フランスのランブイエで開催されたのが始まりです。このときは石油危機で、その対策のため、先進国首脳が集まって協議をしました。以後、グローバル化する世界の経済や安全保障、環境問題などを話しあうために、毎年、各国持ち回りで開催されるようになりました。1997年から2013年のサミットにはロシアも加わっていました。この間はG8と呼ばれました。日本はアジアで唯一の参加国です。7カ国は自由や民主主義、人権などといった普遍的な価値を共有しています。

今回はロシアによるウクライナ侵攻という事態を受けて、戦争の即時停止や国際平和をどう実現するかが主要なテーマとなりそうですが、同時に関連する食糧問題やエネルギー問題も切実な問題として議題にのぼることは確実です。

これまで日本では東京で3回、沖縄・名護市、北海道・洞爺湖《とうやこ》町、三重・伊勢市で開催されました。今回は岸田首相の出身地ということもあって、広島市が選ばれました。広島は1945年にアメリカ軍によって原子爆弾が投下された地であり、唯一の被爆国である日本としては各国首脳らに原爆資料館を視察してもらうことを検討しています。また、核軍縮や核の不拡散についても議論したい意向です。岸田首相は「ウクライナで戦争が行われているいまこそ、広島から核のない平和な国際社会をめざすメッセージを発信したい」と意気込んでいます。

しかし、7カ国の指導力や経済力は発足当時に比べて相対的に低下しており、ロシア、中国、インド、ブラジルといった国々の影響力が強まっていることもあって、サミットで話しあわれることが、どこまで国際的に影響力を持つか、難しい局面に差しかかっているともいえそうです。

ジャーナリスト **大野 敏明**
（元大学講師・元産経新聞編集委員）

思わずだれかに話したくなる

名字の豆知識

第32回

都道府県別の名字 今回は

群馬

北関東３県目 群馬の名字

群馬県ベスト20から6姓の由来を考える

群馬県の県名は県都前橋市を囲む郡名からつきました。古代は「車《くるま》」、「車馬《くるま》」などと書かれ、奈良時代以降は「群馬《くるま》」と書かれるようになりました。「くるま」が「くんま」と撥音便化《はつおんびん》し、「群馬」の漢字をあてて「ぐんま」となっていったのでしょう。

群馬県で多い名字ベスト20です。高橋、小林、佐藤、新井、斎藤、鈴木、清水、吉田、星野、中島、田村、田中、茂木、木村、山田、金子、関口、渡辺、中村、松本です（新人物往来社『別冊歴史読本　日本の苗字ベスト１０００』より）。このうち全国ベスト20以外は7姓ですが、星野は福島県の回でみましたので、残り6姓について考えます。

新井は全国１００位、群馬県で4位、埼玉県で8位と両県に圧倒的に多い名字です。群馬県と埼玉県で全国の新井さんの5割近くが居住しています。群馬県には北群馬郡榛東村《しんとう》と安中市《あんなか》松井田町に新井があり、埼玉県にも本庄市、深谷市、鴻巣市《こうのす》、久喜市に新井があります。かつては両県とも、小字を含め数十の新井がありました。新井姓のいわれは、新田開発して新たに居住したから、というのが一般的ですが、渡来系の名字との説もあります。

中島は全国28位、名字も地名も全国に分布しています。群馬県では高崎市に中島町と吉井町中島が、伊勢崎市に境中島が、藤岡市に中島があります。中島の「島」は、栃木県の回での大島姓の解説でみたように、一定の地域という意味です。その地域の中心が中島です。群馬県では中島飛行機が有名です。同社はのちに鉄道大臣を務める中島知久平《なかじまちくへい》らが１９１７年に設立、多くの軍用機を製作しました。戦後は富士重工業（現・SUBARU）となりました。中島知久平は現在の群馬県太田市の出身です。

田村は全国55位。武蔵国《むさしのくに》（現在の東京都・埼玉県と神奈川県の一部）を中心とした中小武士団である武蔵七党の１つ、西党の一族が武蔵国多摩郡田村（現・東京都日野市）から出て田村を名乗り、北上して群馬で栄えたと考えられます。由来は読んで字のごとく、田畑の多い村落です。

茂木は全国391位、群馬では13位、栃木県芳賀郡茂木《もてぎ》町発祥です。名字は「もぎ」とも「もてぎ」とも読みます。

金子は全国56位。田村と同じ武蔵七党の1つ、村山党の一族で、武蔵国入間郡金子郷（現・埼玉県入間市）に住んで金子姓となりました。その金子氏が北上して群馬で大姓《たいせい》となり、さらに一部が北上して新潟県でも大姓となります。

金子の意味は製鉄業者ということです。古語で金は「コガネ」、銀は「シロガネ」、銅は「アカガネ」、鉄は「クロガネ」で、すべて「カネ」なのです。このうち鉄を精製する職業の人々を「カネコ」といい、「金子」の字をあてたのです。保元《ほうげん》・平治《へいじ》の乱に、上記の金子氏と思われる金子十郎家忠《かねこじゅうろういえただ》が武蔵国から出て、源義朝《みなもとのよしとも》に従って活躍し、頼朝《よりとも》の時代には、弟の金子余一近範《かねこよいちちかのり》とともに頼朝の近習《きんじゅう》として仕えました。

関口は全国205位。関所、あるいは川の堰《せき》に向かう方向の土地が地名として関口となり、そこに居住して名字になったと考えられます。

多様な名字が群馬県の特徴か

これ以外で群馬県に多い名字です。

狩野は全国586位、群馬で47位、伊豆国田方郡狩野荘（現・伊豆市湯ケ島）発祥と考えられます。伊豆半島の中央には狩野《かの》川という川が流れています。また、神奈川県南足柄市にも狩野《かの》という大字《おおあざ》があります。意味は狩野《かりの》です。地名は「かの」と読みますが、名字は通常「かのう」です。

小暮は全国1082位、群馬で102位、小暮という大字は群馬県に2カ所あるだけです。前橋市富士見町と高崎市吉井町です。こうしたことから小暮は群馬県固有の名字で、地名からついたことが想像できます。

生方は「うぶかた」「いくかた」「おいかた」などと読みますが、全国2113位、群馬県では122位で、全国の半数近くが群馬県の居住者です。群馬県の生方の多くは「うぶかた」と読みます。

真下は「ましも」と読みます。全国1405位、群馬県では126位です。

このほか、黒岩、津久井、田部井《たべい》、富岡、小《こ》板橋《いたばし》、千木良《ちぎら》なども群馬県に多い名字です。

群馬県は、江戸時代、館林、伊勢崎、前橋、高崎、吉井、七日市、小幡、安中、沼田の9藩が乱立し、藩も転封《てんぽう》が多く、天領もあって名字は多様です。

街道県だった群馬 埼玉北部と共通の名字も多い

また群馬県の名字には、埼玉県北部と共通の名字もあり、群馬県が関東平野の深奥部でありながら、中山道《なかせんどう》を有する街道県でもあることがわかります。

中山道 高崎宿

ミステリーハンターQの
タイムスリップ歴史塾

津田梅子

今回は、2024年発行の新紙幣の顔となる津田梅子について勉強しよう。近代日本において、女子教育の発展に貢献した人物だよ。

静 2024年度上期から新しくなる5000円札に描かれる津田《つだ》梅子《うめこ》ってどんな人？

MQ 現在の津田塾大学を創設した教育者だね。

勇 津田塾大学の「津田」は津田梅子からきているんだね。津田はどうして教育者になったのかな。

MQ 津田は幕末の1864年、幕臣の娘として江戸に生まれたんだ。父は外国奉行所で通訳をしていて、遣米使節の一員として渡米した経験もあったんだ。

静 英語に親しむ家庭だったのね。

MQ 明治時代になって、新政府は女子留学生をアメリカに派遣することを決め、津田はこれに応募して採用されたんだ。

勇 何人が採用されたの？

MQ 6歳から14歳までの5人だよ。津田は最年少の6歳だった。5人は1871年12月に出発し渡米、津田はワシントンの家庭にホームステイをして英語を学び、ピアノの練習もしたんだ。

静 津田はアメリカには何年いたの？

MQ 11年いて、1882年に帰国したんだけど、日本では女性は政府で働くことができなかった。華族女学校（現・学習院女子）などで英語教師をしたのち、1889年に再び渡米。今度は大学で生物学を学んだんだ。

1892年に帰国すると女子高等師範学校（現・お茶の水女子）の教授も兼任し、1900年、女子教育のために東京に津田塾大学の前身となる「女子英学塾」を設立したんだ。

勇 津田はなぜ自分で学校を作ったの？

MQ 当時の女性教育は良妻賢母を育てるための家政学が一般的だったけれど、津田は自由な環境での学問を重視した教育を目的としたんだ。

静 当時としては革新的な学校だったのね。学生は集まったの？

MQ 10人でスタートしたけど、8年後には150人に増え、その後も順調に学生は増えた。だけど、経営は厳しく、アメリカ時代の友人たちがずいぶんと支援したんだ。1905年には日本キリスト教女子青年会（日本YWCA）が設立されて、津田は会長に就任したけど、その後、体調を崩して入退院を繰り返し、1929年、64歳で亡くなったんだ。

勇 津田の創設した女子英学塾はその後どうなったの？

MQ 1931年に現在の東京都小平市に移転、1933年に「津田英学塾」と名称を変更し、1948年、戦後の学制改革によって「津田塾大学」となって現在にいたっているよ。

ミステリーハンターQ（略してMQ）

米テキサス州出身。某有名エジプト学者の弟子。1980年代より気鋭の考古学者として注目されつつあるが本名はだれも知らない。日本の歴史について探る画期的な著書『歴史を掘る』の発刊準備を進めている。

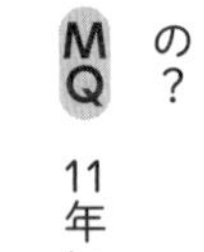

山本 勇

中学３年生。幼稚園のころにテレビの大河ドラマを見て、歴史にはまる。将来は大河ドラマに出たいと思っている。あこがれは織田信長。最近のマイブームは仏像鑑賞。好きな芸能人はみうらじゅん。

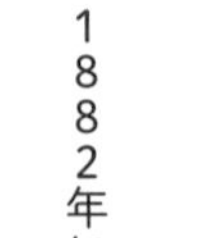

春日 静

中学１年生。カバンのなかにはつねに、読みかけの歴史小説が入っている根っからの歴女。あこがれは坂本龍馬。特技は年号の暗記のための語呂合わせを作ること。好きな芸能人は福山雅治。

身の回りにある、
知っていると
役に立つかもしれない
知識をお届け!!

サクセス印のなるほどコラム

大学を食べものに例えてみると？

東京大学（以下、東大）のイメージってどんな感じ？

急な質問だね！　唐突過ぎて、日本一の大学ってこと以外、頭に浮かばないよ。

日本の大学の最高峰ってことだよね。じゃあ、その東大を食べものに例えたら？

えっ？　どういうこと？　東大を食べものに？　なんでそんなことを聞くの？

代々木駅の近くの洋食屋さんのメニューにね、大学定食というのがあるんだ。

へぇ～。それで？

色々な大学の名前がつけられている、おもしろいメニューなんだよ。

それで先生は「東大を食べものに例えたら？」なんて聞いたんだね。ちょっと想像がつかないけど、どんなメニューなの？

東大はヒレカツがメインの定食なんだ。

ヒレカツ！　トンカツのなかの最高峰ってやつだね。それで東大かあ～、なるほどね！

じゃあ、明治大学（以下、明治大）って名前の定食の中身はなんでしょうか？

明治大かあ……。御茶ノ水駅の方にあるんだっけ？　背の高いビルだったような？

キミ、もの知りだね。明治大が好きなの？

ラグビーとか駅伝とか有名じゃん。受験生の志願者数が全国1位になったとか、就職に力を入れている大学1位だとかも聞いたことがあるよ。

となると、明治大定食の中身は？

難しいなあ……。背が高いビルに運動でも有名……人気も高くて就職もいいから……。あっ！　トビウオ！

飛び跳ねて、長めの細いお魚。なるほどね。でも、洋食屋さんのメニュー向きの食材ではなさそうな……。

トビウオじゃない？　じゃあ正解はなんなの？

唐揚げだよ。

唐揚げ？　定食やお弁当の定番だけど、なんで唐揚げなの？　明治大の学生さんは唐揚げが好きだとか？

いやあ、その昔、バンカラという言葉があってね。ところでハイカラってわかる？

なんとなく聞いたことがある。昔のおしゃれな人って感じ？

明治時代、西洋のものを身につけている人をハイカラといったんだ。

バンカラはその反対ってこと？

反対というか、粗野で荒々しいイメージかなあ。昔の映画に出てくる硬派な学生という感じ。

イメージ湧かないなあ……。

バンカラな学生は着古した学ラン、学生帽、下駄、マントを身につけていたそうだよ。

学ラン、下駄、マント？　昔の大学生ってそんなカッコウだったんだ～。ところで、この話が明治大の唐揚げとどんな関係が……あっ！　もしかして唐揚げとバンカラの“カラ”をかけているの？

よく気づいたね！　どうやらそうらしいんだ。明治大は昔はバンカラな学生が多いイメージだったんだよ。

ダジャレなんだ！　おもしろいね。ほかの大学のメニューも気になるなあ。

今度そのお店に行ってみようか！

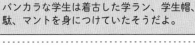

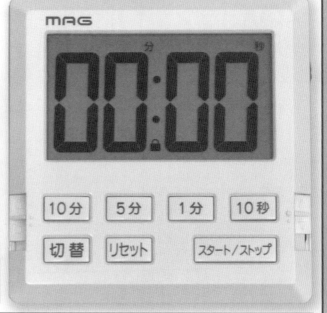

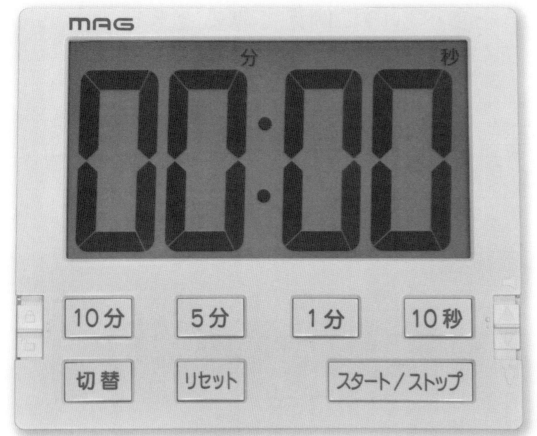

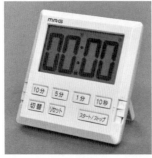

ちょっと得する
読むサプリメント

中学生でもわかる 高校数学のススメ

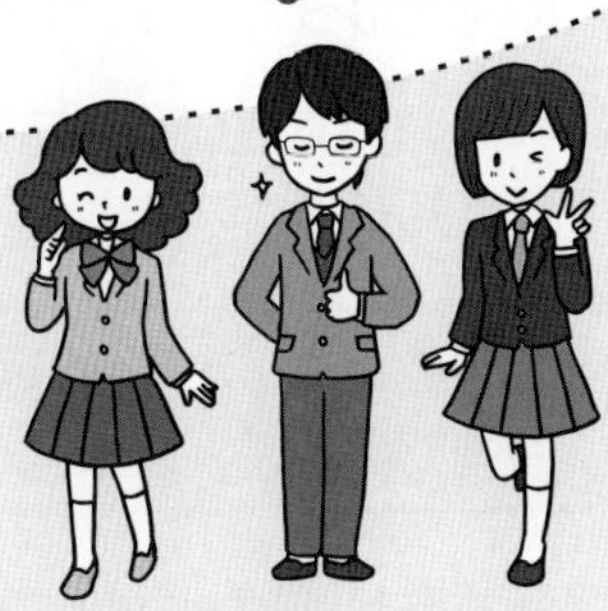

高校数学では、早く答えを出すことよりもきちんと答えを出すこと、
つまり答えそのものだけでなく、答えを導くまでの過程も重視します。
なぜなら、それが記号論理学である数学の本質だからです。
さあ、高校数学の世界をひと足先に体験してみましょう！

written by
湯浅 弘一
ゆあさ・ひろかず／湘南工科大学特任教授・
湘南工科大学附属高等学校教育顧問

Lecture! ピタゴラス数の性質

例題　自然数a, b, cが$a^2+b^2=c^2$を満たすとき、a, bの少なくとも一方は3の倍数であることを示しなさい。

剰余類を用いて背理法で示します。
三平方の定理　$a^2+b^2=c^2$

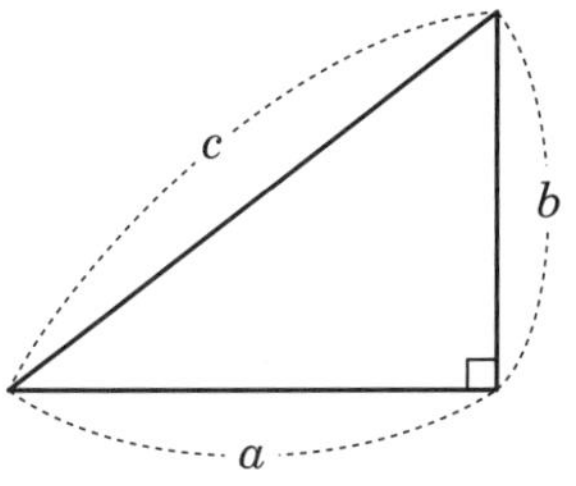

a^2のように2乗のことを“平方”と言います。面積の単位に㎡がありますが、これは2乗と書いて、“平方”と呼んでいますよね。
この性質は直角三角形のとき限定で成り立ちます。
さて、ここから、直角三角形のなかで3辺の長さが自然数のものを考えていきます。この3辺の長さを“ピタゴラス数”といいます。
例えば、有名な3、4、5の直角三角形(下図左)では、$3^2+4^2=5^2$が成り立ちます。

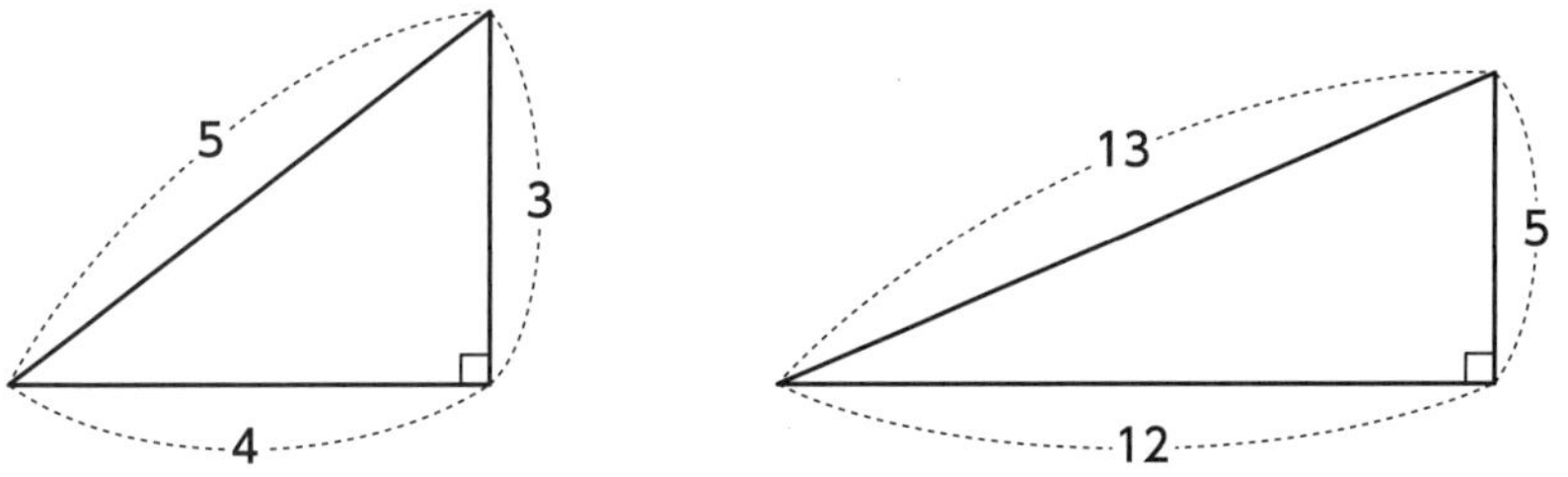

直角の対辺を“斜辺”と呼びますが、斜辺が一番長い辺になるので、$3^2+4^2=5^2$です。このほかには、5、12、13。これも$5^2+12^2=13^2$が成り立ちます(上図右)。
じつは、このような、自然数を辺の長さとする直角三角形の辺の長さでは、必ず直角をはさむ辺の長さには3の倍数が入っているのです。3、4、5の直角三角

形の場合は３が、５、12、13の直角三角形の場合は12が３の倍数です。

これはいつでも成り立ちます。それを高校数学風に証明をします。
そこで知識を１つ！

> 自然数a, b, nにおいて$(a-b)\div n$が割り切れるとき、aとbはnを法として合同である

言葉が難しくてわかりにくいですね。これを中学生風にアレンジすると以下になります。

> $a\div n$と$b\div n$の余りが等しいとき、aとbは合同である

もっと簡単にいえば、３で割るとき、5÷3と11÷3はともに余りが２で同じです。これを「３を法として５と11は合同である」といいます。
そして、これを$5\equiv 11\ (mod\ 3)$と表します。
ですから５を法とすれば$102\equiv 7\equiv 2\ (mod\ 5)$です。これを使ってみます。
（解答例）
$a^2+b^2=c^2$……①
1, 2, 3, 4, 5, 6, 7, 8, 9, 10・・・これらを２乗した数
1, 4, 9, 16, 25, 36, 49, 64, 81, 100・・・を３で割った余りは、順に1, 1, 0を繰り返します。つまり、ある数が３の倍数でないときは、その数の２乗を３で割った余りは１になります。
すなわち、３を法として自然数aに対して、$a^2\equiv 0, 1$……②です。
同様に自然数bに対して、$b^2\equiv 0, 1\ (mod\ 3)$……③
また、自然数cに対して、$c^2\equiv 0, 1\ (mod\ 3)$……④
ここで、a, bともに３の倍数ではないと仮定すると（背理法スタート！）
３を法として$a^2\equiv 1$, $b^2\equiv 1\ (mod\ 3)$
①の左辺の$a^2+b^2\equiv 1+1\equiv 2$　つまり３で割った余りは２。
しかし、④より①の右辺の$c^2\equiv 0, 1$であるから、３で割って余りが２になることはないので、a, bともに３の倍数にならないことはない（背理法で２つの数とも３の倍数でないと仮定しているので）。したがって、a, bの少なくとも一方は３の倍数であると証明できます。

今回学習してほしいこと

・“～ではない”を証明する際は“～であると仮定すると…”と始めて、矛盾を証明していくのが定石です。これを背理法といいます。
・自然数a, bに対して$a\div n$と$b\div n$の余りが等しいとき、aとbは合同である。

さあ、早速練習です！　左ページに中級、初級と２つのレベルの類題を出題していますので、チャレンジしてみてください。

練習問題

中級

自然数a, b, cが$a^2+b^2=c^2$を満たすとき
a, b, cの少なくとも１つは
５の倍数であることを示しなさい。

初級

自然数a, b, cが$a^2+b^2=c^2$を満たすとき
a, b, cの少なくとも１つは
偶数（２の倍数）であることを示しなさい。

解答・解説は次のページへ！

解答・解説

中級

（解答例……中学生風高校数学の解答です）

ここも具体的に見ていきます。

1, 2, 3, 4, 5, 6, 7, 8, 9, 10・・・これらを２乗した数

1, 4, 9, 16, 25, 36, 49, 64, 81, 100・・・を５で割った余りは順に

1, 4, 4, 1, 0を繰り返します。

つまり、ある数が５の倍数でないときは、その数の２乗は５で割った余りが１または４になります（これは高校数学では有名な事実です）。

ここで、a, b, cがすべて５で割り切れない数であるとすると（背理法スタート！）

５を法として$a^2\equiv1, 4$、$b^2\equiv1, 4$、$c^2\equiv1, 4\ (mod\,5)$

$$左辺=a^2+b^2\equiv\begin{cases}1+1\equiv2\\1+4\equiv0\\4+4\equiv8\equiv3\end{cases}\quad(mod\,5)$$

つまり５で割った余りが0または２または３

右辺$=c^2\equiv1, 4\ (mod\,5)$

つまり５で割った余りが１または４であるから、左辺≠右辺。

よってa, b, cの少なくとも１つは５の倍数である。

初級

a, b, cがすべて奇数であるとすると（背理法スタート！）

２を法として$a^2\equiv1$、$b^2\equiv1$、$c\equiv1\ (mod\,2)$

よって左辺$=a^2+b^2\equiv1+1\equiv2\equiv0$は偶数。

右辺$=c\equiv1$は奇数となるので、

左辺≠右辺であるから、

a, b, cの少なくとも１つは偶数（２の倍数）であると示せます。

Success Book Review

なんとも気の抜けた大学生・世之介の青春（?）の物語

今月の1冊

『横道世之介』

著／吉田修一
刊行／文藝春秋社
価格／880円（税込）

読者のみんなは、大学生の生活にどんなイメージを持っているだろうか。

大学生になると、中高生よりも自分で使える時間が増えることが多い。それを興味のある分野についてガムシャラに勉強することに使うのもよし、アルバイトや部・サークル活動、さらには社会活動などに使うもよし。

どんなふうに時間を使うのかを考えることもまた、大学生として学ぶべきことの１つと言っていいだろう。

今回紹介する小説『横道世之介』の主人公・世之介は、地方から大学に進学するために東京に出てきた大学1年生だ。時代は１９８７年と、今から35年以上も前のことだが、当時はバブル景気と呼ばれる空前の好景気に日本が沸いていた時代。

上京してきたばかりの世之介は、人はいいが、とくに高い志があるわけでもなく、意思も弱い。彼の場合は、流されて入ったサンバサークルの先輩に紹介してもらったホテルでアルバイトを始め、好景気に浮かれる宿泊客を見て圧倒されたり、あることをきっかけに知りあったキレイなお姉さんに都合よく使われたり、好きでもないサンバを必死で踊るハメになったりと、なんとも締まらない学生生活を送る。

しかし、世之介の、その力の抜け具合や、マジメとはいいがたいが誠実という不思議な人となりは、周りの人々に妙な印象を残したり、影響を与えていく。

なかでも、勢いで交際することになった、世間知らずの令嬢・祥子とのかけあいは、どちらもなんだかズレていて（とくに祥子）、読んでいると笑みが浮かんでくる。

本書は世之介が主体の87年と、彼と知りあった人々が当時を振り返る現代との２つの視点で進んでいくが、終盤まで、この物語がどんなところに着地するのか、想像がつかないところも魅力の1つ。

マネをするのはまったくおすすめしないが、世の中には（いまと時代は違えど）こんな大学生もいるのかという目で見てみるのもまた一興だ。映画化もされているぞ。

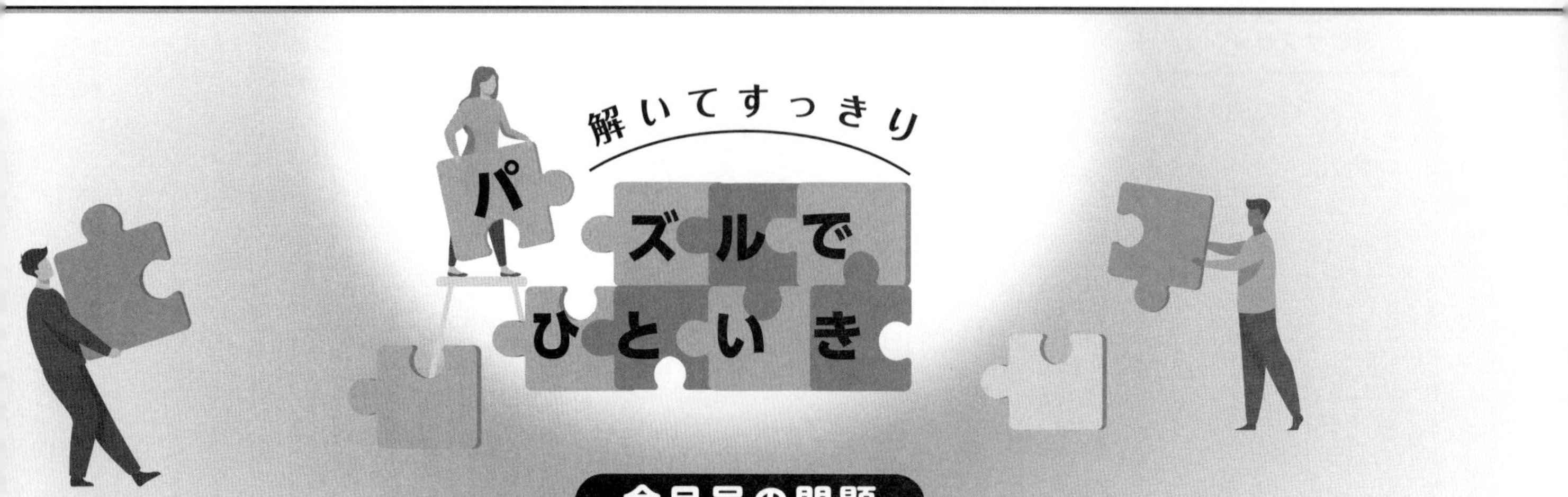

今月号の問題

ワードサーチ（単語探し）

リストにある英単語を、右の枠のなかから探し出すパズルです。単語は、線で示した“COLD”のようにタテ・ヨコ・ナナメの方向に一直線にたどってください。下から上、右から左へと読む場合もあります。また、１つの文字が２回以上使われていることもあります。パズルを楽しみながら、「季節・天候」に関する単語を覚えましょう。

最後に、リストのなかにあって、枠のなかにない単語が１つだけありますので、それを答えてください。

A	G	B	M	O	S	S	O	L	B	H	J
E	D	P	X	C	L	Z	H	O	T	W	G
R	S	K	E	L	T	W	U	N	R	C	N
U	F	D	A	Q	I	C	M	U	O	L	I
T	Y	F	U	N	B	D	I	L	P	A	Z
A	R	K	T	J	L	G	D	S	I	F	E
R	L	E	U	I	H	S	C	X	C	W	E
E	R	O	M	J	D	L	P	Q	A	I	R
P	G	C	N	M	I	F	I	R	L	L	F
M	N	I	O	M	U	Z	M	Y	I	D	C
E	L	B	A	N	O	S	A	E	S	N	U
T	H	T	U	O	T	P	K	T	W	M	G
D	E	R	M	A	F	Y	R	D	B	I	P

【単語リスト】（このリストは小文字で示しました）

autumn（秋）	fall（秋）	summer（夏）
blossom（花、開花する）	freezing（〈震えるほど〉寒い）	temperature（温度、気温）
climate（気候）	hot（暑い）	tropical（熱帯の）
cold（寒い）【例】	humid（湿気の多い）	unseasonable（天候不順な）
cool（涼しい）	mild（温暖な）	warm（暖かい）
dry（乾燥した）	spring（春）	winter（冬）

応募方法

下のQRコードまたは104ページからご応募ください。

◎正解者のなかから抽選で右の「**ワンハンド単語カード**」をプレゼントいたします。

◎当選者の発表は本誌2023年８月号誌上の予定です。

◎応募締切日 2023年４月15日

今月のプレゼント！

片手でサクサクめくれる単語カード

4名さまに

ポケット状の表紙に人差し指を差し込み、カードの切れ込みに親指を入れて持ち上げることで、片手で素早くめくれるクツワの「ワンハンド単語カード」。つり革につかまって片手が塞がる通学時の勉強におすすめです。さらに左右どちらの手でも使用できるうえ、持ち運びの際はリングを横に倒すことでカードのばらつきを防止できます。今回は手が小さい方も使いやすい小サイズをプレゼント！

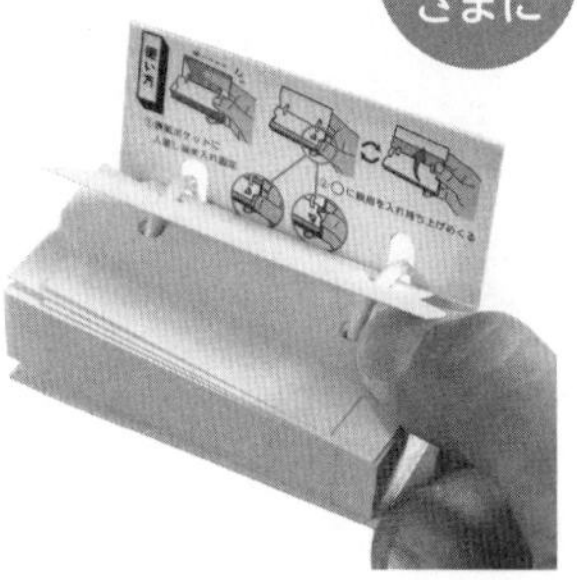

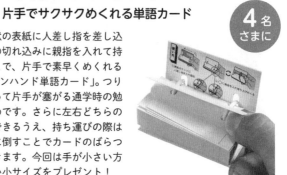

12月号の答えと解説

解答　イ

12月号の問題

A～Eの5人は試合前に抽選で組みあわせを決めて、右図のようなトーナメント形式で対戦ゲームをしました。

このトーナメントの結果について、A、B、Cの3人は以下のような発言をしています。

A　「私はDに勝ちました。」
B　「私はEに負けました。」
C　「私はEに勝ちました。」

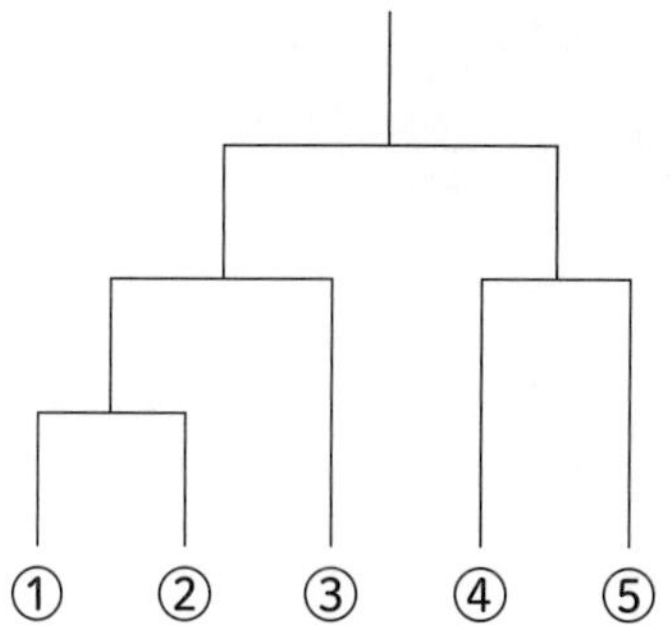

このとき、このトーナメントについて正しく述べているのは、次の**ア～エ**のうちどれでしょうか？

ア　AとBは対戦した。
イ　AとCは対戦した。
ウ　BとDは対戦した。
エ　CとDは対戦した。

解説

右図の[1]～[4]は、トーナメント戦の第1試合～第4試合を表すものとします。

BとCの発言から、EはBとの対戦のあとにCと対戦したことがわかります。すると、CとEの対戦は[1]（第1試合）でも、[3]（第3試合）でもないことになります。

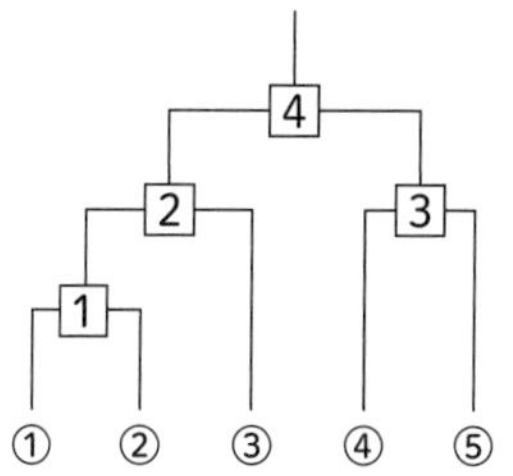

（ア）CとEの対戦が[2]（第2試合）であった場合

BとEは[1]で対戦して、Eが勝ち上がったことになりますから、残るAとDは[3]で対戦して、Aが勝ち上がってCと[4]で対戦したことになります。

このとき、AとB、BとD、CとDの対戦は、いずれも行われません。

（イ）CとEの対戦が[4]（第4試合）であった場合

決勝戦（[4]）はCとE の2人なので、AとDの対戦は[2]でも、[3]でもなく、[1]であったことになります。ここで勝ち上がったAの[2]での対戦相手がEであることはありえないので、Cと対戦したことになります。

このときも、AとB、BとD、CとDの対戦は、いずれも行われません。

以上より、選択肢ア～エのなかで、正しく述べているものは、イということがわかります。

12月号パズル当選者（全応募者33名）

井上 碧さん（中1・神奈川県）
飯野 健斗さん（中3・東京都）
古川 英伶奈さん（中2・東京都）

夢が広がる高校選びの情報満載！
Success15
バックナンバー好評発売中！

2023年 2月号
入試直前アドバイス
さあ来い！入試 ポジティブ大作戦
Special School Selection
早稲田大学高等学院
研究室にズームイン
鳥取大学乾燥地研究センター
山中典和教授
高校WATCHING
中央大学高等学校
埼玉県立浦和第一女子高等学校

2022年 12月号
いよいよ始まる
東京都中学校
英語スピーキングテスト
Special School Selection
渋谷教育学園幕張高等学校
研究室にズームイン
東京大学先端科学技術研究センター
西成活裕教授
公立高校WATCHING
東京都立青山高等学校

2022年 10月号
模擬試験を活用して
合格への道を切りひらく
これからも進化し続ける
交通系ICカード
Special School Selection
東京学芸大学附属高等学校
公立高校WATCHING
東京都立八王子東高等学校

2022年 8月号
学校を知る第1歩
学校説明会に行こう！
Special School Selection
お茶の水女子大学附属高等学校
研究室にズームイン
東京海洋大学 茂木正人教授
私立高校WATCHING
成蹊高等学校

2022年 6月号
志望校探し
自分に合った高校を選ぶには
日々の暮らしを彩る
陶磁器の世界にご招待！
Special School Selection
東京都立国立高等学校
高校WATCHING
青山学院高等部
神奈川県立厚木高等学校

2022年 4月号
高校受験生のこの1年
私たちの生活を支える「物流」
Special School Selection
筑波大学附属駒場高等学校
高校WATCHING
昭和学院秀英高等学校
埼玉県立川越女子高等学校

2022年 2月号
本番で実力を発揮できる
強さを作ろう
「時計」の世界
Special School Selection
開成高等学校
私立高校WATCHING
中央大学附属高等学校

2021年 12月号
スピーキング重視時代
「withコロナ入試」再び
身近になったVR
Special School Selection
東京都立西高等学校
私立高校WATCHING
明治大学付属中野高等学校

2021年 10月号
まずは公立高校か私立高校か？
自動運転バスがかなえる
自由な移動
Special School Selection
早稲田大学本庄高等学院
公立高校WATCHING
東京都立立川高等学校

2022年 夏・増刊号
中学生だからこそ知ってほしい
2025年から変わる大学入試
色の変化に注目
なぜなに科学実験室
神奈川・埼玉の公立トップ校
高い大学合格実績をあげる
その教育に迫る
神奈川県立横浜翠嵐高等学校
埼玉県立浦和高等学校

2022年 秋・増刊号
「変わる大学」に備えよう！
いよいよ見えた！ 大学新時代
盛りだくさんの独自プログラムで
将来につながる力が身につく
私立4校の魅力とは!?
市川高等学校
栄東高等学校
城北高等学校
桐朋高等学校

これより以前のバックナンバーはホームページでご覧いただけます（https://www.g-ap.com/）

バックナンバーはAmazonもしくは富士山マガジンサービスにてお求めください。

夢が広がる高校選びの情報満載！

Success15

4月号

表紙：東京都立戸山高等学校

FROM EDITORS 編集室から

取材先で、校長先生やその分野の専門家の方々とお話をすると、中学生のみなさんにぜひ伝えたいと感じる言葉の数々に出会えます。と同時に、私自身にとっても日々のモチベーションとなるようなものがたくさんあります。例えば今号の「未見の我」（9ページ）や「目の前にあることを楽しむ」（16ページ）。

これまでも中学生のみなさんにいい記事をお届けしたいという思いで、楽しんで仕事に取り組んできましたが、今後はよりいっそう励もうと気持ちを新たにしました。これからも、様々な分野の記事がある『サクセス15』を通じて、みなさんが「未見の我」に出会えるお手伝いをしていきたいと思います。（S）

Next Issue 6月号

Special

さあ 高校受験！君が挑戦する「この1年」とは

伝統建築の世界へ

Special School Selection

私立高校WATCHING

公立高校WATCHING

突撃スクールレポート

ワクワクドキドキ 熱中部活動

※特集内容および掲載校は変更されることがあります。

Information

『サクセス15』は全国の書店にてお買い求めいただけますが、万が一、書店店頭に見当たらない場合は、書店にてご注文いただくか、弊社販売部、もしくはホームページ（104ページ下記参照）よりご注文ください。送料弊社負担にてお送りします。定期購読をご希望いただく場合も、上記と同様の方法でご連絡ください。

Opinion, Impression & ETC

本誌をお読みになられてのご感想・ご意見・ご提言などがありましたら、104ページ下記のあて先より、ぜひ当編集室までお声をお寄せください。また、「こんな記事が読みたい」というご要望や、「こういうときはどうしたらいいの」といったご質問などもお待ちしております。今後の参考にさせていただきますので、よろしくお願いいたします。

サクセス編集室 お問い合わせ先

TEL : 03-5939-7928　FAX : 03-3253-5945

今後の発行予定

発行日	号	発行日	号
5月17日	6月号	9月19日	10月号
7月18日	8月号	10月16日	秋・増刊号
8月21日	夏・増刊号	11月15日	12月号

FAX送信用紙

※封書での郵送時にもコピーしてご使用ください。

100ページ「ワードサーチ（単語探し）」の答え

氏名

学年

住所（〒　　　－　　　　）

電話番号

（　　　　　　）

現在、塾に

通っている　・　通っていない

通っている場合

塾名

（校舎名　　　　　　　）

面白かった記事には○を、つまらなかった記事には×をそれぞれ３つずつ（　）内にご記入ください。

- （　）04 Special School Selection 東京都立戸山高等学校
- （　）10 多くの不思議がそこに！ 地図を旅しよう
- （　）18 私立高校WATCHING 淑徳与野高等学校
- （　）22 公立高校WATCHING 神奈川県立湘南高等学校
- （　）26 ワクワクドキドキ 熱中部活動 佼成学園女子高等学校 ダンス部
- （　）30 突撃スクールレポート 駒込高等学校
- （　）32 高校に進んだら 文系、理系 あなたはどうする？
- （　）40 受験生のための明日へのトビラ
- （　）42 スクペディア 共立女子第二高等学校
- （　）43 スクペディア 専修大学松戸高等学校
- （　）44 スクペディア 獨協埼玉高等学校
- （　）45 スクペディア 八雲学園高等学校
- （　）46 知って得するお役立ちアドバイス！
- （　）48 レッツトライ！　入試問題
- （　）54 帰国生が活躍する学校 土浦日本大学高等学校
- （　）58 中学生の未来のために！ 大学入試ここがポイント
- （　）60 東大入試突破への現代文の習慣
- （　）64 早稲田アカデミー大学受験部 授業ライブ
- （　）66 東大生リトの とリトめのない話
- （　）68 キャンパスデイズ十人十色
- （　）73 耳よりツブより情報とどきたて
- （　）74 マナビー先生の最先端科学ナビ
- （　）81 for中学生 らくらくプログラミング
- （　）82 なぜなに科学実験室
- （　）86 中学生のための経済学
- （　）88 淡路雅夫の中学生の味方になる子育て 楽しむ 伸びる 育つ
- （　）89 ピックアップニュース！
- （　）90 思わずだれかに話したくなる 名字の豆知識
- （　）92 ミステリーハンターQの タイムスリップ歴史塾
- （　）93 サクセス印のなるほどコラム
- （　）95 中学生でもわかる 高校数学のススメ
- （　）99 Success Book Review
- （　）100 解いてすっきり パズルでひといき

FAX.03-3253-5945

FAX番号をお間違えのないようお確かめください

サクセス15の感想

高校受験ガイドブック2023 4　Success15

発　行：2023年３月15日 初版第一刷発行
発行所：株式会社グローバル教育出版　〒101-0047 東京都千代田区内神田2-4-2 一広グローバルビル3F
ＴＥＬ：03-3253-5944
ＦＡＸ：03-3253-5945
Ｈ　Ｐ：https://success.waseda-ac.net/
e-mail：success15@g-ap.com

郵便振替口座番号：00130-3-779535
編　集：サクセス編集室
編集協力：株式会社 早稲田アカデミー

【個人情報利用目的】ご記入いただいた個人情報は、プレゼントの発送およびアンケート調査の結果集計に利用させていただきます。